高等院校健美专项课用书
商业健身俱乐部教练手册

健美健身运动学

刘绍东　张彦秋　著

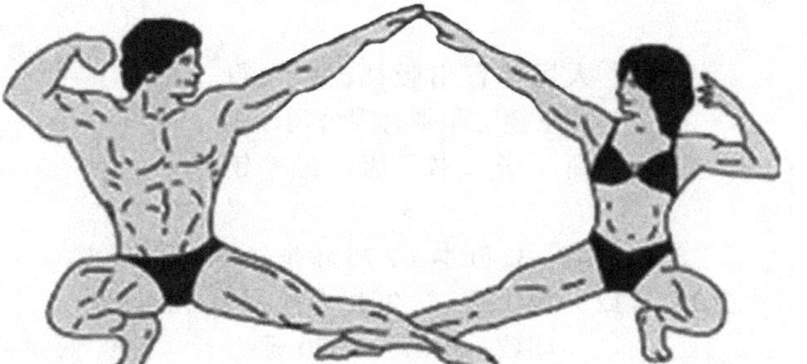

人民体育出版社

图书在版编目（CIP）数据

健美健身运动学 / 刘绍东，张彦秋著
. –北京：人民体育出版社，2016（2019.9.重印）
ISBN 978-7-5009-5015-8

Ⅰ.①健… Ⅱ.①刘… ②张… Ⅲ.①健身运动
②健美运动 Ⅳ.①G883

中国版本图书馆 CIP 数据核字（2016）第 170199 号

*

人民体育出版社出版发行
北京建宏印刷有限公司印刷
新 华 书 店 经 销

*

850×1168 32 开本 7.75 印张 200 千字
2016 年 12 月第 1 版 2019 年 9 月第 6 次印刷
印数：6,101—6,370 册

*

ISBN 978-7-5009-5015-8
定价：37.00 元

社址：北京市东城区体育馆路 8 号（天坛公园东门）
电话：67151482（发行部） 邮编：100061
传真：67151483 邮购：67118491
网址：www.sportspublish.cn

序

健美是一项通过人体抗阻力训练等方式，延缓肌肉流失、增强肌肉力量、控制肌肉围度的体育运动项目。选择以健美方法为手段的健身活动能使参与者准确掌握科学的锻炼技巧和手段，通过增强力量、柔韧和耐力素质，提高人体协调和控制肢体各环节的能力，实现塑身健体。

《健美健身运动学》一书图文并茂，全面系统地论述了健美与健身的内在关联，从科普的角度详细介绍了健美健身运动的发展概况、学科理论、锻炼手段与训练法则，是一本系统学习健美健身知识的读本。

《健美健身运动学》一书，记载了作者对待健美理论的务实学风和心路历程。书中传递的梦想，是健美健身爱好者迷恋的期盼。我仅以此序对书的出版表示祝贺。

中国健美协会秘书长：

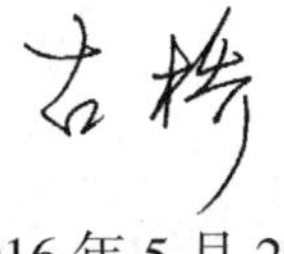

2016 年 5 月 20 日

目　录

第一章　健美运动概述

健美运动是一门塑造人体的运动。它是根据人体的解剖结构和生理特征，以身体练习为手段，以艺术的塑造发达的体格形态为目的的一门体育运动项目。

人体对称的形态，均衡的比例，流畅的线条，坚强的骨骼，弹性的肌肉，健康的肤色，是形体美不可缺少的条件。从健美锻炼的效果看，它不仅能够改善人体的神经、内脏等器官的生理功能，全面提高身体各部位的力量，而且还可以使锻炼者的全身肌肉达到饱满匀称、线条分明和曲线优美的效果。健美运动还使得运动者具有充沛的精力、愉快的心情和充满青春的活力。

第一节　健美运动的起源

健美运动（bodybuilding exercises），英语直译是身体建设的运动。这就直接说明了它的目的和本质是塑造人体。它是通过徒手练习和采用各种器械，运用专门的动作方式和训练方法进行锻炼，发展体格形态以达到艺术美的境界。

提到健美运动，人们不由想起古希腊的那些角力士们，诸如身材雄伟、肌肉发达的赫拉克勒斯（大力神），古希腊神话中说他是众神之王宙斯的儿子，古奥运会的创始人。除此之外，还有造型优美、身形矫健的掷铁饼者、牧羊神，女子有“美之神”维纳斯等。这些古希腊的雕塑品都以其卓越的技艺表现了人体美。由此可见，人类对发达、完美人体的仰慕和崇敬由来已久。但是，通过体格形态来评价成绩的运动形式，发展成今天被人们公认的、完备独立的健美运动的时间仅约 110 年，其开创者是德国人尤金·山道，他被称为“现代健美之父”。

尤金·山道是 19 世纪 80 年代到 20 世纪 20 年代世界著名大力士和体育家。1867 年 4 月 2 日，他出生在东普鲁士的科尼斯堡，原名弗烈特立克莫拉，他的父亲是珠宝商。山道自幼身体瘦弱，15 岁时随父亲到意大利旅游，在弗罗伦萨美术馆中看到“美少年大卫”的健美雕像后受到启发，引起了他要彻底改变自己体格的决心。后来他考进了比利时布鲁塞尔市的一所医学院，在这里他学习了解剖学、生理学和医学，他对预防医学有较大兴趣，但他却把很多时间花在健身房内。1887 年，山道结识了当时很有名的法国大力士路易·阿蒂拉。两人搭档同台表演，山道的惊人演出成了头条新闻。1889 年底，山道先后与英国大力士沙柯乐拨斯和萨姆生进行力量对抗赛，取得完胜，他的绝技例如：用双手举起一匹马绕台走一圈；在一根长铁棍的两端，装着两个半圆形的空心铁球，并让两名大汉坐进铁球内，山道将铁棍举过头顶再放回地上；山道仰卧在地，胸上横放一块长木板，然后有人牵来三匹马，分别站在木板的左、右和中间，再由两个大汉分别骑在两端的马背上，山道则用力控制，保持了平衡。凭借着突出的表现山道名声大噪。更令人惊叹的是：1893 年，在美国政府为纪念发现美洲新大陆 400 周年而举行的世界博览会（芝加哥）上，山道与狮子搏斗并取得了胜利。这些具有惊人力量和胆识的出色表演，使他成为当时世界最富盛名的大力士。

尤金·山道作为健美运动创始人主要在于他以下首创性的贡献：①他以其举世无双的健美体格表演了活像一座座雕像似的健美人体造型艺术。这给当时看到这种表演的人留下不可磨灭的印象，激励了许多青年去努力模仿。②他不仅在1897年编写出版了他的第一部著作《力量及如何获得法》，还在1898年创办了《体育文化》杂志，这些图书和杂志的出版对健美运动产生了深远影响。③山道曾在英国伦敦设立体育学校总部，并在澳大利亚、新西兰、印度、南非及美洲等地建立分校，推广健美运动。他还亲自到世界各地现身说法，表演技术，宣传体格锻炼对增进健康的好处。他通过函授，对世界各地数以万计的青年人进行指导。④1901年9月14日他在伦敦举办了一次“伟大的体格比赛”，参赛者有150人。山道成为第一个举办健美比赛的人，他起草了历史上的第一部健美比赛规则，按照体型比例、肌肉发达程度、体格匀称、健康状况和肤色五个方面进行比较。最后评选出前三名，分别奖以金、银、铜质的手握球式杠铃的山道雕像一座。由以上可见，健美运动是从大力士运动中派生出来的，这里所指的“古代大力士运动”是广义的传统举重，如举石、举啤酒桶、举农具，举圆木、举牲畜等，后来它衍生出三项运动。即竞技举重、力量举重和健美运动。虽然很多运动都可以发展肌肉，但它不以体型判定成绩，健美运动是以体型作为评判标准，这在历史上还是第一次，（如图1–1）。

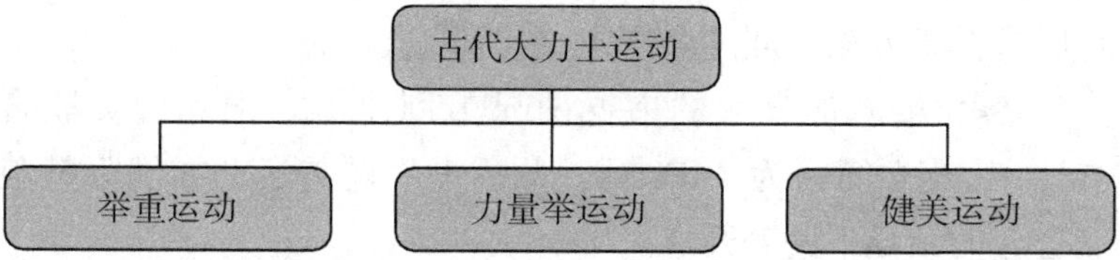

图 1–1

第二节　健美运动的发展

健美运动起源于德国，兴起于英、法等欧洲国家，而后推广到美国，随后美国成为了这项运动开展得最广泛的国家。

20 世纪初，美国一位信奉健康生活方式的体育家伯纳德·麦法登，他抓住了当时人们对山道的狂热崇拜，在 1903 年举办了全美第一次体格比赛。20 年后，于 1923 年他又举办了一次旨在选出“全世界体格发达的最完美的人”的盛大赛事。在这次比赛中，出现了一位健美巨星，安琪乐·西西里阿诺，后改名查尔斯·阿脱拉斯。他由于创立了一套“原动张力”的体格锻炼法而闻名于世。这种方法基本上属于静力练习性质的自抗力运动，比较简单易行。他通过广告宣传和函授，使这种锻炼课程长期广泛流传。另一位美国核心人物爱伦·卡尔佛脱，在芝加哥看到山道的表演后，就发奋锻炼，后来又尽力推广，创立了“麦罗杠铃公司”并出版《力》杂志和一些锻炼法的小册子，他和麦法登一起成为美国早期健美运动的领导人。

其后，鲍勃·霍夫曼建立“约克杠铃公司”，开创了《力与健》杂志，促进了举重和健美运动发展。20 世纪 30 年代后期，健美比赛已纷纷在美国各地举行。1939 年，全美业余体育联合会举办第一届“美国先生比赛”。

1946 年，加拿大的韦德两兄弟创建了“国际健美联合会”，其英文简写为“IFBB”。此后世界健美运动在国际健美联合会的领导下蓬勃开展。

现在“IFBB”拥有 160 多个会员国，成为世界第六大国际业余体育组织。21 世纪伊始，“IFBB”成为国际奥委会正式成员，试图让健美成为奥运会展示项目，进而成为常规项目，但是最终未能成功。健美是否符合奥林匹克体育运动的定义这一点尚有争议，有人认为健美比赛人为因素高、不够量化、不涉及竞争。另外，还有人认为健美比赛一定会涉及奥运会严格禁用的类固醇。因此，国际健联也在下决心剔除比赛中兴奋剂的使用者。

第三节 健美运动在我国的发展

健美运动在我国已有 80 多年的历史，早在 20 世纪 30 年代初就由美国传入我国。开创人是赵竹光先生。

赵先生自幼身体瘦弱，中学毕业时，体重才 45 公斤。1930 年，他从广东考入上海沪江大学后，由于功课繁重，身体日渐不支，思想不免悲观。在学校图书馆的美国期刊中，看到被称为“全世界最健美的人”阿脱拉斯的函授广告，赵先生报名参加了这个函授班，依照方法锻炼了一年，体格果真强壮了不少：胸围宽了 13 厘米，大腿粗了 8 厘米，上臂粗了 11 厘米，精力大为充沛。这种运动的迅速强身作用，为同学们所亲见，愈来愈多的人要求跟他学习。这样，他就组织成立了“沪江大学健美会”。该组织成为中国最早的健美组织。

1940 年夏，由于参加锻炼者日益增多而会址太小，赵竹光先生决定另外选址成立“上海健身学院”，专门传授这项运动，赵竹光任院长，曾维琪任教务长。同时上海健身学院还创办了《健力美》杂志，由赵竹光任主编。1942 年春，曾维琪先生创办“现代体育馆”，主编出版《现代体育》杂志。当时

《健力美》和《现代体育》都很受读者欢迎，甚至发行到了东南亚地区，对健美运动在我国的早期传播起到了很大的作用。

1944年6月7日，由现代体育馆、上海健身学院和上海基督教青年会体育部联合发起，在八仙桥青年礼堂举办了第一届上海市男子健美比赛，这是新中国成立前在我国举行的唯一的一次健美比赛。所用规则与当时“美国先生”比赛的规则相同。现代体育馆学员柳颙庵获得全场冠军。

抗日战争胜利后，本应是健美运动加速发展的好时机，然而事与愿违，政治和经济形势日益动乱，民不聊生，导致了健美运动停滞不前。新中国成立初期，健美运动曾有相当快速的发展。在上海，20世纪40年代中期曾在青年会健美班任教的娄琢玉先生主办了“健美体育馆”；李启龙先生主持的强华体育社以及沪东体育馆、联华体育馆和精武体育会健身运动班也有了较大发展。在广州，新中国成立前已设立的谭氏健身院（谭文彪开设）有了扩大发展。我国首次打破世界纪录的陈镜开（1956年在上海举行的“中、苏举重友谊赛”中，打破美国运动员C·温奇保特的56公斤级挺举世界纪录）曾在谭氏健身院练习健美和举重。曾被称为“广州健美先生”的刘英也是谭氏的高徒，曾参加过为抗美援朝捐募飞机的健美表演。此外，南京设有“首都健身院”，北京设有“北京的青年会”，李钧祥在苏州也开展了健美运动。

到了20世纪50年代中期，这项提倡“健、力、美”的运动，被称为资产阶级体育。说锻炼体格，“健”和“力”就可以了，不该提倡什么“美”字，这样健美运动就被扼杀了。十一届三中全会后，党中央强调大力清除“左”的思想，健美运动才得以新生。根据广大青年迫切要求，广州和上海等地恢复和新设立了若干健美训练场所。

1983年6月，在上海市体委和各方面的支持下，在我国健美先驱娄琢玉先生的大力倡导下，举办了“第一届力士杯男子健美邀请赛”。虽然只有9个单位39名运动员参加，但它加速了健美运动的发展。在原国家体委和中国举协的关心支持下，决定“力士杯”健美比赛每年举办一届。现改名为“全国健美锦标赛”。

1985年6月，国际健美协会主席本·韦德应邀来中国进行友好访问，同时观看在北京举行的第三届“力士杯全国健美邀请赛”，并为中国在发展健美运动中有突出贡献的陈镜开、赵竹光、曾维祺、娄琢玉、刘英、胡维予、张铁民、徐吉华、宋金亮9位同志颁发了奖章、奖状和荣誉证书。

1985年11月，成立了中国举协健美运动委员会，曾维祺先生当选为该委员会主任，古桥先生担任秘书长，并正式加入了国际健美联合会，成为该组织第128个会员国。

1986年，在深圳举行了第四届“力士杯”健美比赛，比赛中首次增设女子单人、男女混合双人比赛，并按国际比赛规则“女运动员必须穿‘比基尼’泳装”参赛的规定执行。

1987年，我国举办第一期国家级健美裁判员培训班，由我国健美运动创始人之一的曾维琪先生主讲，郑庆继、田振华、张盛海、谷忠德、张巍、牛爱君、刘绍东等46人参加，他们后来成为了我国健美裁判界的骨干力量。

1988年以后，原国家体委开始正式选派队员参加世界业余健美比赛，亚洲健美比赛等，多年来，我国优秀运动员杨新民、王力劲、甘清春、张萍、董革、纪明丽、魏瑗、曹新丽、秦承勇、钱吉成（中国第一位世界级健美冠军)、梁月云、辛健、禚中华、郑少忠等在各大健美赛事中获得优异成绩，为祖国争得了荣誉。

现在“国际健美联合会”共有168个会员国，是国际第六大单项体育组织之一，健美运动也是最为普及的运动项目之一。

随着人类健康水平的不断提高，健美这一延缓人体肌肉衰老最为有效的运动项目越来越受到人们的青睐。随着全民健身计划实施，中国的健美运动也以日新月异的面貌在各地蓬勃开展。为推动和发展我国大众健身健美运动水平，中国健美协会每年举办一届全国健美锦标赛、全国健身锦标赛、全国健身比基尼小姐大奖赛、全国阳光健身教练员大赛、海南三亚吉成之夜健美健身大赛等。根据健身市场发展的需要，协会还定期举办等级健身教练员培训班，健美教练员、裁判员培训班。对具有一定规模的健美组织实行等级评定等。1988年，全国高等教育委员会决定将“健美运动”列为高等院校学生必修的体育课程，从此健美运动在我国迅猛开展。

第四节　现代健美运动与健身运动的区别及分类

一、健美运动与健身运动的区别

健美和健身是两个不同的层次。健身是健美的初级阶段，要求简单，身体健康、体姿端正、动作协调就可以了，健身大多数人能够做到。而健美，不仅要达到健身的目的，还要具有超常的健康和超常的毅力来进行训练，以使身体各肌肉群饱满、形状美观，肌肉线条清晰，全身发达匀称，并且运动员的肩、背、腹、腿等各部位肌肉的围度也是审美的参考依据。健美对于腿部力量和肌肉的分离度与质感要求比较严格。而健身往往要求一种综合素质的体现，不只是要有发达的肌肉还要有整体的线条美。具体区别如下：

1. 概念含义不同

健美运动（bodybuilding），通过动作练习，使人体各部位的肌肉发达匀称，体格健壮，且赋予雕塑感的艺术美。健身运动（keep fitness），通过动作练习，使人身体健康，体质增强，生活内容更加丰富。

2. 特点和作用不同

健美运动是运用各种器械和各种训练方法，达到发达肌肉、健美体型的目的。健身运动则是通过各种方式的体育锻炼，达到提高内脏器官，尤其是心血管系统的机能水平，最终达到增强体质的目的。

3. 锻炼的方式方法不同

健身不用任何器械就可以做到，健美必须要有齐全的健身器械，否则达不到健美的目的。

二、健美运动的分类

经过长期的发展，健美运动内容很多，按其性质和作用可分为竞技健美和大众健美两大类。其中竞技健美包括：肌肉竞技、健身先生、小姐竞赛和形体、比基尼小姐及体育模特竞赛；大众健美包括器械练习、徒手练习、矫正畸形及运动康复等。具体见图 1–2。

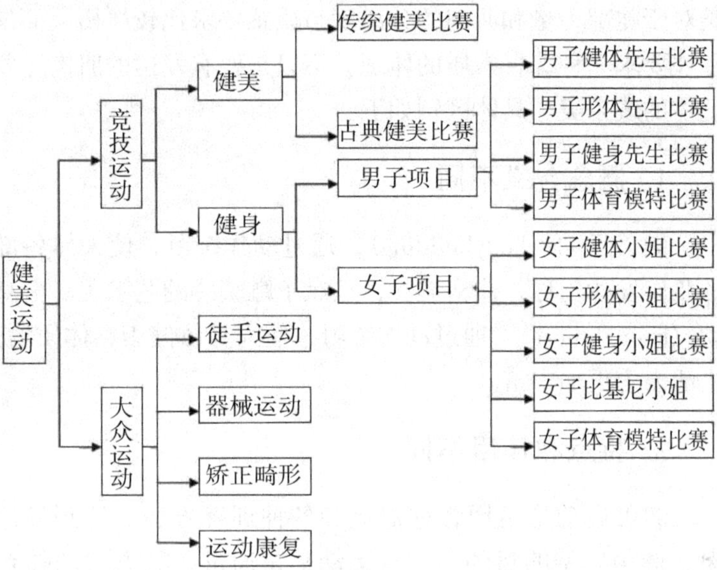

图 1–2

现在健美界中“职业”一词一般是指健美运动员在有晋升资格的业余比赛中获胜并取得 IFBB 的职业认证（IFBBPro–card）。职业运动员则有资格参加一些更高级别的比赛，包括“阿诺德经典”健美大赛（Arnold Classic）及“冠军之夜”比赛（Night of the Champions），并根据这些比赛的名次决定“奥林匹亚先生”的参赛权；“奥林匹亚先生”则是职业健美领域的最高头衔。

20 世纪 70 年代，女性开始加强力量锻炼以求拥有更好的身材，并有女性开始参加健美比赛。然而大多数女性仍然害怕力量训练会使她们肌肉膨胀，她们仍认为力量只是针对男性。其实力量训练对女性仍有很多好处，如力量训练能增加骨密度，预防骨质疏松，提高肌肉力度和身体平衡性。最近几年国际健联做出重大调整，决定停止旨在追求硕大肌肉的女子健美运动，改为受广大女子青睐的健身小姐、形体和性感的比基尼小姐比赛，收效很好。这些比赛并不像健美比赛那样对肌肉的发达水平有严格的要求，为女性提供了另一种选择。

三、健美运动的作用

健身运动简单易行、适用性强，能有效地增强人们的体质，增进人们的健康，增强全身肌力，增强力量，提高生产劳动效率；还能改善人们的体型、体态，陶冶人们的美好情操，所以深受大众特别是文化知识水平较高的人们的欢迎。在开展全民健身运动的今天，健身运动有很强的吸引力，它可以使瘦弱者变得强壮，使肥胖者变得结实，使少儿健康成长，使老年人健康、长寿。健美运动是开展全民健身运动的一个重要方面，它和健身息息相关，密不可分。

世界古代史上伟大的哲学家——亚里士多德对身体保健颇有见地，他说“运动太多和太少，同样的损伤体力；饮食过多和过少，同样的损伤健康；唯有适度可以产生、增进、保持体力和健康”。可见，健身还是要遵循一定的规律，否则会适得其反，损害健康。

首先我们要树立健康意识。只有当自己关注了健康，认识了健康，才有可能重视和从事保健或健身。

其次健身之前先养“心”，心为体之魂。心态不好，再好的保健措施也会失效。只有当精神上保持了良好的状态，才能有效保障机体功能的正常发展，才能达到防病健体、延年益寿的效果。

生活中要“顺其自然”，养成不养之养的健康习惯，循规蹈矩反而束缚自己，活得太累。而真正的健身之道，是把适应自身生理和心理需求的良性活动，无意间将其“规律”融入我们的生活，久而久之，自然地成了自己的一种生活方式和健身之法，这才是不养之养的长寿之道。

第五节　健美运动的作用与特点

一、健美运动的作用

长期进行健美运动，可以发达肌肉、增长力量；改善和提高心血管系统、呼吸系统和消化系统等内脏器官的机能水平；提高中枢神经系统的机能水平；调节心理活动、陶冶美好情操；改善体形体态、矫正畸形等。

1. 发达肌肉

人体运动器官是由肌肉、骨骼、关节和韧带组成的。按照“用进废退”的自然规律，健美锻炼中的各种动作方式就是对运动器官产生积极的作用，使肌纤维逐渐强壮发达，使肌力增强。持久地进行健美锻炼，能使肌肉生理横断面增大，肌肉饱满。同时能促进骨骼的新陈代谢，提高骨骼的抗拉和抗扭转能力，对关节、韧带的生长发育能起到良好的促进作用。

2. 改善心血管系统、呼吸系统、消化系统等内脏器官的机能水平

(1) 心血管系统

健身健美锻炼可使心脏的容量增大，血管弹性增强，从而

使心搏有力，每搏输出量增加，心率降低（<60 次/分）；还能使血液中的红细胞数量增加，从而提高人体吸收营养的能力。健身健美锻炼对于心脏锻炼的效果是显著的。它主要表现为：在安静状态下心脏跳动的次数减少，而循环的血液增多，心肌的收缩更加有力。每次心脏收缩可使心脏本身完全排空，而冲程容积和心脏输出能力提高。一般把完成规定运动量时，心率的降低值作为训练成绩的一个标志。①心脏效率的提高，可以使较多的血液流到各部分肌肉，从而提供更多的燃料和氧气，使运动员有能力达到更高的运动水平。②心血管系统的训练效果，可以使运动员在停止练习后，更快地恢复其心率和血压，达到练习前的水平。③健美训练可以使运动中的肌肉减少对氧的需求量，从而减少对血液的需求量，这可以使心脏保证充分供应身体其他器官对血液的需求。

（2）呼吸系统

健身健美锻炼能提高呼吸深度，增加每次呼吸时的气体交换量，提高呼吸系统的功能，从而保证在激烈运动时满足气体交换的需要，提高机能水平。在训练时，呼吸频率特性曲线也将得到改善。大致上是随着心血管系统效率的提高而呼吸系统效率也相应地提高。

（3）消化系统

健身健美锻炼还能提高消化系统的功能。因为肌肉活动时要消耗大量的营养物质，需要及时补充，而肌肉的活动可促使胃肠蠕动增加，消化液分泌增多，能提高消化和吸收的能力。

3. 提高运动神经系统的机能水平

在中枢神经系统中，对姿势与运动进行调控的结构称为运动神经系统。主要由三大等级阶梯结构（脊髓、脑干和大脑皮质）和两个辅助监控系统（小脑、基底神经节）组成。这些脑区有交互联系的回路，对运动与姿势的参数进行着既有分布式又有平行式的加工和处理。长期进行健美锻炼可以增强运动系统对人体肌肉调控的精确度，增强人体动作的准确性、协调性及防止人体在运动中的损伤等。

4. 改善体形体态、矫正畸形

健美运动对矫正人体的某些畸形或某些缺陷有特殊的康复和治疗效果。不论是由于先天还是后天造成的身体畸形或缺陷，如鸡胸、含胸或因病引起的局部肌肉萎缩、肌力衰退等，都可以通过有针对性的健美训练，达到一定的治疗效果。由于健美运动的这一作用，某些动作已被进一步用于医疗体育方面。

5. 调节心理活动、陶冶美好情操

人的心理活动是人脑对外界客观事物的反映。紧张的体力或脑力劳动后机体会产生疲劳。现代生活的紧张节奏，会使人产生压抑感或其他一些不良的情绪。经常进行健美锻炼，可起到调节心理活动、陶冶情操的作用，使人产生努力向上、追求美好未来的健康心态。

二、健美运动的特点

1. 高效性

健美训练的主要目的之一是使身体各部位肌肉发达，健美比赛也是以全身肌肉发达程度为主要条件之一来进行评分的。

为此，健美训练中应经常采用各种各样的动作方式，进行反复多次的负重练习，每次练习的次数几乎都要接近或达到极限，给肌肉以强烈的刺激，从而促进新陈代谢活动，加强超量恢复过程，使全身各部位的肌肉得到最大程度的发展。

2. 独特性

美化身心，将体育和美育融为一体。一般的体育活动主要增进健康，增强体质，而健美运动则不完全相同，其名称本身就规定了它既要求“健”，又要求“美”。

它的练习动作和手段、教学训练的内容和方法，乃至比赛的内容和评分标准等都体现了这一点。所以，在练习中不应该单纯地追求把某些局部肌肉练得大一些，也要注意改善自己的体形体态，使其匀称、协调、优美；不仅要注意体形体态的仪表美，而且要自觉陶冶自己美好的情操，加强思想修养，注意语言美、行为美、心灵美。真正把体育和美育、外在美和内在美很好地融合在一起。

3. 针对性

不论使用何种器械，练习动作都是按照身体各部位肌肉的生理机能设计的。其动作方式简单而易学，针对性强，发展肌肉的效果直接而明显。

例如肱二头肌的生理机能是，近端固定时，使前臂屈，外旋。健美锻炼便设计反握弯举来发展肱二头肌，并手握一定重量的杠铃、哑铃，给该肌肉增加一定的负荷，从而达到发展该部位肌肉的目的。此外，这个弯举动作，还可以用多种不同姿态来练，如：“立姿弯举”“斜托弯举”“交替弯举”等等。这样就可使肱二头肌在受到不同角度的刺激中得到完美的发展。

4. 简易性

健美运动的器械可多可少并且经久耐用。每个人所占锻炼的面积较小，一般在室内进行。因此，寒、暑、晴、雨均不受影响，它是一个适应面广、深受人们喜爱、便于广泛开展的群众性体育运动项目。

5. 广泛性

从事健美锻炼，不受年龄、性别、体质、体能和职业的限制。经过一段时间的健美锻炼，不同情况的练习者都能获得良好的锻炼效果。

我国著名健美运动员杨新民，从他那高度发达的体格来看，谁又会相信这位“铁甲金刚”已年逾花甲，在他 60 多岁时，仍能获得全国健美冠军，被人们尊称为“常青树”。

健美运动不仅可以保持较长的运动年限，使人终生受益，而且对人体的功能训练、康复训练也是行之有效的。过胖的人要减肥，过瘦的人要增加体重，在健美这个天地里会使他们收到良好的效果。

6. 安全性

健美运动不是对抗性的运动项目，动作难度低，因此它是一种非常安全的运动。每次锻炼时，只要注意先做好充分的准备活动，按照健美训练法则去做，加之同伴相互保护，一般很少发生伤害事故。

第二章　健美锻炼原则和计划

要达到训练目的，就必须达到一定的运动强度和运动量才能收到良好的锻炼效果，既要遵循科学的训练方法，又不能盲目地训练。因此，在具体实施训练计划时要遵循一定的训练原则，并制订相应的健身计划才能取得一定成效。

第一节　健美锻炼的基本原则

一、全面性原则

健身健美锻炼要从人体的整体出发，全面锻炼和发展身体的各个部位、各器官系统的机能、各种身体素质与基本活动能力，只有全面锻炼，才能多方受益。

人体是在大脑皮质统一调节下的一个有机整体，人体的各个部位、各器官系统、各种身体素质和基本活动能力是相互联系、相互促进和相互制约的，同时各系统又有独自的功能，它们之间不可互相替代。而健身健美锻炼的主要目的是促进整个机体及形体的协调发展，提高人体身心的健康水平。因此，在健身健美锻炼时，若忽视整体的全面性，目的与活动单一，只发展身体的某一部位（尽管它对身体其他部位也会有所影响，但并不能代替全身的锻炼），势必会导致身体片面发展，造成某些部位、器官系统、身体素质和机体能力薄弱，这种情况如果持续下去，就会导致身体形态和机能的畸形发展，所以，对于广大健身健美锻炼者来说，贯彻全面性原则尤为重要。而参加健身健美锻炼，必须要以追求身体形态、机能、身体素质与心理等全面和谐发展为首要目标，合理选择和搭配锻炼的内容与方法，保证做到“扬长补短”“内外结合”“身心一致”，具体来说就是要做到：

①力量与速度、耐力、灵敏、柔韧等素质锻炼相结合，促进身体素质的全面发展。

②动力性与静力性锻炼相结合，大肌肉群与小肌肉群相结合，促进全身肌肉群的匀称发展。

③负重锻炼与徒手锻炼相结合，促进身体协调发展。

④负重锻炼多样化，采用多种锻炼动作和器械，并尽可能保持锻炼强度的一致性。

⑤全身与局部锻炼相结合。在全身锻炼时，又要针对身体某一部位进行强化锻炼；在进行局部锻炼时，又要兼顾身体的全面发展。

⑥主动性部位锻炼与被动性部位锻炼相结合。

⑦无氧锻炼与有氧锻炼相结合，促进肌肉和心肺功能的协调发展。

二、超负荷原则

1. 超负荷原则释义

运动员在训练中承受了一定的运动负荷后，必然会产生相应的训练效应。但并非只要施加了负荷，就一定会产生良好的训练效应。训练负荷的安排对训练效应的好坏有着重要的影响。机体对适宜的负荷产生适应，但如若负荷过小，不能引起机体必要的应激反应，而在过度负荷作用下则会出现劣变反应。

超负荷原则是指在力量训练过程中，负荷逐渐增大，超过过去的负荷，才能发展力量。提出此原则有两方面的主要原因：一是肌肉或肌群对抗最大或接近最大的阻力练习时，可使肌肉产生最大的收缩，从而刺激肌肉产生相应的生理学适应；二是在负重训练的过程中，肌肉由于超负荷变成了低负荷，这时再使用原来的负荷进行练习，就不能使力量继续增加，因此应根据运动员力量素质水平的提高，调整训练，逐渐加大运动负荷。尤其是针对以加强对力量和爆发力为主的力量训练课，大重量的负荷要占主导地位。为此，必须定期对运动员的力量素质发展水平进行监控，以便在安排时做到心中有数。运用此原则，在增加负荷时有两条基本途径：一是增加负荷重量，二是增加练习的重复次数。由于机体对刺激的适应是缓慢的，负荷的增加（重量×次数）在整个训练过程中必须循序渐进。青少年运动员的力量训练，负荷重量起点要低于成年，重量的增加要考虑到身体发育的程度，并且总负荷量的增加要优先增加重复次数。

2. 超负荷原则运用注意事项

超量恢复是客观存在的规律，人体在进行健美训练和比赛过程中，要正确运用和掌握这个规律，并非是无原则的运动负荷越大超量恢复越明显。无论是哪种性质的身体运动都要在生理“极限”范围内进行大负荷练习，负荷过小，则练习无效果；负荷超生理“极限”，则可能伤害身体，影响健康。

三、系统性原则

1. 系统训练原则释义

系统训练原则是指持续地、渐进地进行训练的原则。它有两方面的含义，一方面指出运动员只有长时间、持续地进行训练，才有可能达到训练的目标；另一方面又强调循序渐进，而不是突变式的增加训练负荷，这样才能取得理想的训练效果。

健美训练的过程是一个渐进的过程，是量的积累过程，运动时不能心急，要遵循超量恢复的原理，运动量从小到大，运动难度从简单到复杂，运动负荷、强度从小逐渐变大，使身体有一个从“不适应——适应——不适应——再适应”的过程。这样就实现了有机体的形态、生理和心理等方面的量变到质变的过程。

2. 注意事项

(1) 训练的全年性

根据上述理论，全年都应该进行不间断的训练。从训练年这个大周期来看，每个训练周期都是连贯的、不间断的。但这里的不间断不代表不休息，而是包含了休息调整期。健身锻炼要坚持不懈，按计划进行锻炼，持之以恒才能达到预期的目标。

(2) 训练的阶段性

运动训练过程，必须按照训练规律，有步骤、有计划地进行。在一个比赛之前，分为基础训练阶段、专项提高阶段、最佳竞技阶段以及竞技保持阶段，在比赛后还要有恢复阶段。对于健美来说，尤其是新队员，一定要循序渐进，按客观规律练习，宁愿慢一点，也不要拔苗助长。

四、有效控制原则

1. 有效控制原则释义

有效控制原则是指对运动训练活动实施有效控制，准确把握运动训练各个环节或训练过程的不同阶段，如训练的内容、量及措施，并对它们进行监控，以使得训练活动能够按照预先设计的方式发展，保证训练目标的实现。

每个人在训练时，首先要定目标。根据这个目标，定下具体的训练计划，这个计划如何实施或实施过程中如何有效地进行控制，出现意外如何进行调整等。参与运动训练的主体是运动员和教练员，训练的直接作用首先反映在运动员的竞技能力变化上，影响运动能力的因素有很多，不仅仅有训练因素，还有运动员的情绪和社会交往等心理因素。一些偶然的因素，如意外的伤病，还有临场发挥等因素，都会对训练水平产生影响。因此，只有对不断变化的训练过程实施有效的控制，才能使实现预定的训练目标成为可能。

2. 注意事项

训练信息是实施有效训练控制的必备条件。运动训练信息反映着运动训练系统自身的各种状态和特征。运用对信息有效的调节来控制运动员的训练。也就是说，根据运动员的身体状态，对运动负荷的反应，训练时间和场地等信息来合理地制定训练内容；在训练过程中，根据运动员的状态，及时调整和改变训练方法和内容。运用对运动员的训练过程与状态的诊断，了解训练过程的进展状况，评价运动员的训练效果和水平等方面。

五、周期性原则

周期性原则是依据运动员机体的生物节奏变化规律，竞技状态的形成与发展的周期性规律来制定的。

健身健美锻炼者要根据自己所确定的短期和长期的锻炼目标，有计划、分阶段持续地参加健身健美锻炼。也就是说，要想获得理想的锻炼效果，并将其保持下去，非经常锻炼、持之以恒不可。但是，身体不是机器，要一张一弛，要少则一周或一个月，多则一个赛季或一年，阶段性地周而复始地进行。

根据有机体的超量恢复原理，锻炼和恢复大体要经历四个阶段。第一阶段为工作阶段，由于体内能量物质被消耗，各器官系统的机能随之逐渐降低，从而造成机体工作能力降低和疲劳的出现；第二阶段为工作后的恢复阶段，这时随着各器官系统机能的恢复和能量物质的补充，机体工作能力又逐渐恢复到工作前的状态；第三阶段称为超量恢复阶段，由于运动负荷造成的机体的异化作用刺激了同化作用的加强，加上食物营养的及时补充，机体的能源储备和机能不仅可以达到锻炼前的水平，而且会超过锻炼前的水平，这也就是健身健美运动的精髓所在；如果在超量恢复阶段不持续进行锻炼，也就是说不继续施加负荷刺激，机体就会进入第四个阶段——复原阶段，机体原先所获得的锻炼效果就会逐渐消失。

那么，每周应进行几次健身健美锻炼呢？按照锻炼效果“不稳定”的特点，每周参加健身健美锻炼至少不能少于两次。最理想的是每天都有规律地从事健身健美锻炼，这就要求锻炼者必须克服惰性，排除干扰，形成锻炼需求的条件反射和生物节奏，从而养成锻炼的习惯，使之成为生活中一个不可缺少的重要组成部分。

当然，采用这一原则也不是机械死板的，锻炼周期也是因人而异的，假如锻炼者在一段时间因特殊原因耽误了锻炼，也不必焦急和自责。健身锻炼的目的只是帮助锻炼者生活得更好而不是增加额外压力。如果你觉得身体不适或患病，也可暂停几次，以便使机体全力以赴地对付疾病，待身体恢复正常后，再从身体的现水平开始锻炼就是了，只是在调整期间，锻炼的量和强度都要注意控制，否则，会给健身健美锻炼带来不良后果。

六、个别对待原则

健身健美者应有针对性地进行锻炼，即从自己的年龄、性别、健康状况、体形特点、兴趣爱好、传统习惯、职业特点、作息制度、自然条件、健身器材设备和场地等因素，系统综合考虑，来制订健身健美锻炼计划，选择针对性强而有效的健身健美锻炼的内容、方法、负荷，以求达到良好效果。与此同时，在健身健美锻炼过程中，必须根据自身体质状况和可承受性来安排锻炼负荷量。在锻炼后的恢复期中，必须根据自身营养状况和锻炼负荷量的强弱及锻炼过程中的能量消耗情况来配制膳食，只有这样才能促进身体全面恢复，为实现健身健美锻炼目标提供能量的保障。

例如，有两个双胞胎兄弟，一个参加心肺耐力项目锻炼，另一个参加举重项目锻炼所产生的不同的适应，参加心肺耐力项目锻炼者的体形变瘦，心肺功能增强，肌肉工作能力加强；

另一个参加举重项目锻炼者的全身肌肉块和力量增加，但是，心肺功能变化很小。在这两种情况下，虽然两个人的肌肉都处于加大负荷的情况，但是施加的负荷类型是不同的，一个是耐力锻炼形式，而另一个则是抗阻力锻炼形式，肌肉通过特异的适应对这些单一的锻炼形式产生反应。在健身健美锻炼计划中，应将重点放在心血管功能的改善方面，但是力量锻炼也应包含其中，合理安排。

上述健身健美锻炼的六项原则，是相互联系、相互依存的整体，但又不能互相替代。在健身健美运动锻炼实践中，不应单独运用某一个锻炼原则，应全面贯彻各项原则，只是在处理各种实际问题时，各项原则应各有其突出的指导意义。

第二节　健美锻炼计划的制订

制订健美锻炼计划，其主要目的是为了提高锻炼效果，使自己有规可循，有明确的努力方向，并使自己的体育锻炼具有较强的科学性，避免盲目性。制订个人的体育锻炼计划，是一个既简单又复杂的过程，如果把握好以下内容，便可较轻松地制订出自己的锻炼计划来。

一、初学健美者的锻炼方案（1~6 个月）

1. 初学健美者的锻炼法则

(1) 量力而为法则

初学健美者（前 10 天）一般热情高、干劲大，刚到健身房看到各式现代化器械不免心情激动，跃跃欲试，和同伴一较高下，总想测试一下自己的最大力量，结果第二天腰酸背痛，产生厌倦和放弃思想，许多初学者夭折在“肌肉关”这道坎上。因此对初学健美者要限制热情，量力而为，切勿冒进。

(2) 基础练习法则

刚刚开始健美训练至半年之内的这段时间，是初学阶段，打好基础是最重要的。由于身体从未受过负重的刺激，肌肉反应比较大，力量增长也很迅速，整个体型会发生较大的改变。训练的前三个月主要是初步熟悉各种健美练习动作，了解人体解剖结构，骨骼、关节和肌肉以及人体几个系统的相互配合，认识营养素及它们各自的作用；后三个月则是熟悉掌握动作技术要领，适当增加重量，体会肌肉正确的感觉。所以这一阶段主要以基础动作为主，详见表 2-1。

表 2-1　初学健美锻炼者的锻炼方案

锻炼部位	动作名称	第一个月 组数×次数	第二个月 组数×次数	第三个月 组数×次数	可替代动作
胸部	仰卧推举	1×10~15	2×8~12	3×8~10	仰卧飞鸟
背部	重锤下拉	1×10~15	2×8~12	3×8~10	杠铃划船
肩部	颈后宽推	1×10~15	2×8~12	3×8~10	立姿飞鸟
肱二头肌	杠铃弯举	1×10~15	2×8~12	3×8~10	哑铃弯举
肱三头肌	颈后臂屈伸	1×10~15	2×8~12	3×8~10	重锤下压
大腿	杠铃深蹲	1×10~15	2×8~12	3×8~10	坐姿腿屈伸
股二头肌	俯卧腿弯举	1×10~15	2×8~12	3×8~10	仰卧挺髋
下背部	屈腿硬拉	1×10~15	2×8~12	3×8~10	俯卧挺身
小腿	负重提踵	1×15~20	2×15~20	2×15~20	单脚提踵
腹部	仰卧起坐	1×20~25	2×20~25	2×20~25	仰卧举腿

注意：每次锻炼时长 40~60 分钟，隔日训练。

2. 本阶段的主要任务（学习阶段）

(1) 过“肌肉关”

肌肉关即人们通常所说的练后肌肉酸痛，这是正常的生理现象，初练健美的人一定要限制他的热情，不可凭空冒进，生活中有特别多的人热情高、干劲大，结果肌肉酸痛得无法坚持，从此不再进健身房。

(2) 学习理论知识

健美训练知识性很强，要达到事半功倍的效果，必先用理论武装头脑，这样才能少走弯路。因此，学习训练理论，学会科学训练，搞清楚锻炼、膳食和睡眠之间的关系，训练才有效果。

(3) 掌握正确的动作要领

任何健美练习动作都是按目标肌肉的生理机能设计的，实际练习中，人们为了追求重量而使得动作变形是健美训练的大忌。

二、初级健美者的锻炼方案（6~18 个月）

1. 初级健美者的训练法则

(1) 渐进性超负荷法则

增强任何健康素质（力量、肌肉围度、耐力、心肺功能等）的基础是使自己的肌肉去承担不断增加的负荷。如：要想增加体力，就必须经常采用大重量。如果想增大肌肉围度，则不仅要日益采用更大的重量，并且还要增加锻炼的组数和每周锻炼的次数。想要增强局部肌肉的耐力，可以减轻重量，减少各组之间的休息时间，增加锻炼该部位的组数和动作次数。

(2) 多组练习法则

在韦德系统的初建时期，多数健美专家建议运动员对其所选用的每个动作，只需各做一组。如果在一次锻炼课程中选用锻炼到全身的 12 个动作，那就共做 12 组。初期的韦德健美训练系统就提出了每个动作要练多组（3~4 组）的训练法则。以使每一部位肌肉群都能得到最深层的刺激而增长到最大围度。

(3) 孤立训练法则

可以让许多肌肉协同完成某一锻炼动作，也可以使它们相对分离地进行工作，对完成某一复杂动作来说，每一相关肌肉群都有其各自的作用，除主动肌外，还有协同肌起辅助作用，固定肌起稳定作用，还有起对抗作用的对抗肌。如求最大限度地发展某一局部肌肉，就要尽可能使主动肌与其他肌肉分离开，尽可能不借助协同肌而单独承受工作的负荷来获得集中刺激。这种锻炼法主要用于突出加强某一部分的肌肉和着重改进身体某一部位的缺点。

(4) 迷乱莫测法则

促使肌肉不断发展的主要因素之一是要动作多加变化。如果总是用一套方法锻炼，肌肉就会太习惯于某种固定的动作方式、角度、重量、次数，以及其搭配和程序编排，肌肉就感受不到强烈的刺激，引不起良好的反应。反之若常加变化，不仅能增加锻炼者的兴趣，避免枯燥乏味，还能使肌肉感受到不同的新的刺激。乔·韦德先生对这种多加变化的锻炼法取了一个独特的名称，即使肌肉感到“迷乱莫测”。

2. 锻炼方案

锻炼方案包含每周锻炼次数、时间和部位，详见表 2–2。

表 2-2　健身健美训练周计划（两分部）

日期	星期一	星期二	星期四	星期五
部位	胸、肩、肱三头肌、腹肌	背、腿、肱二头肌、腹肌	胸、肩、肱三头肌、腹肌	背、腿、肱二头肌、腹肌
动作名称	台阶机热身 15 分钟 史密斯机仰卧推举 下斜仰卧飞鸟 单臂哑铃侧举 坐姿颈后宽推 体前窄握上拉 颈后臂屈伸 俯身臂屈伸 仰卧举腿 坐姿屈膝收腹 放松练习 10 分钟	跳绳练习 15 分钟 高滑轮胸前下拉 水平拉背 单臂俯身划船 杠铃浅蹲跳 坐姿腿屈伸 俯卧腿弯举 内弯举 立姿弯举 高脚位腹肌 放松练习 10 分钟	慢跑练习 15 分 跪卧撑 仰卧杠铃推举 上斜推哑铃 立姿飞鸟 持片颈后屈伸 俯身飞鸟 持铃体侧屈 凳端举腿 罗马椅挺身 放松练习 10 分钟	椭圆机练习 15 分 低滑轮拉背 硬拉杠铃 俯身划船 杠铃深蹲 箭步蹲走 坐姿蹬腿 斜托弯举 仰卧起坐（转体） 放松练习 10 分钟

注：1.每个动作做 4~5 组，每组 8~12 次（腹部练习 25 次），间隙 60 秒。

2.配合饮食，多吃蔬菜、水果，淀粉食品适量。蛋肉为主，每天折合约 120 克蛋白质。

3. 本阶段的主要任务（基础阶段）

①初级健美者一般采用两分部训练法，即把身体分成两部分，第一训练单元练习甲部分，第二训练单元练习乙部分。这样可以保证在有限的时间里使一个局部得到充分的刺激。

②掌握正确的肌肉感觉。任何健美练习动作都有标准的规范动作，但是在实际练习中，人和人之间有个体差异，他们的生物力学角度不全一样，那么就需要在规范动作内摸索出适合自己的练习动作，找到正确的肌肉感觉即目标肌准确，才能行之有效。

③本阶段的主要任务是打好基础，加强锻炼和营养，以增

长肌肉块为主。当你的体格开始呈现出健美运动员的基本特点的那种形态——丰满的肌肉，厚实的胸部，轮廓鲜明的四肢，倒三角形的上体和运动员的气魄时，你该知道可以进入下一阶段了。初级健美锻炼者训练的部位安排，详见表 2–3。

表 2–3　两分部训练法的部位编排

时间安排	周一	周二	周三	周四	周五	周六	周日
两分部 (一年)	胸部 肩部 肱三头肌 小腿	大腿 背部 肱二头肌 腹部	休息	胸部 肩部 肱三头肌 小腿	大腿 背部 肱二头肌 腹部	休息	休息

注：每次训练 1~15 小时，每周训练 4 次。

三、中级健美者的锻炼方案（1 年半~3 年）

1. 中级健美者的锻炼法则

(1) 优先锻炼法则

为了改进身体某一相对不够发达而要重点加强的部位，可把锻炼这一部位的动作安排在一次锻炼课的最前面，这样就可以在精力最充沛的时候来做这些动作。只有高强度的锻炼才能促使肌肉发展，而只有精力充沛时才能达到高强度。

(2) 金字塔法则

肌纤维的增粗是肌肉克服重量的结果，这样做还增大了肌肉的力量。从理论上说，如果你尽力能做起 8 次的重量为一组，做上几组即是一种有效增大肌肉和力量的锻炼方法。然而你不能这样做，因为不做准备活动就用最大力量来练会有受伤的危险。金字塔法则就是为了解决这一问题而建立的。先用你一次能举起的最大重量的60%做上15次。随后逐步增加重量，逐渐减少次数，直到你用80%的一次最大重量，做5~6次。这样你就可在热身后收到使用大重量的锻炼效果而不致受伤。

（3）分部练习法则

当你以每周锻炼3次的安排，每次进行全身锻炼，练了3个月之后，如要增加锻炼的全面强度，可以把你的身体分为上下两部，对每部各采用更多的锻炼动作和组数，分别在不同的训练日来练。在一个单元只做锻炼上身各部肌肉的动作，譬如练8个，那就都可以用大强度来进行。然后，在下一个单元，就集中锻炼下身各部肌肉，做约6~8个动作，也都做到大强度。分部锻炼有多种不同的具体安排，如有把身体分成三部，有每周练四次或更多次数的。

（4）大量充血法则

是指在锻炼时必须使肌肉充血，并保持在那里促进增长。这实际上是一种局部锻炼法则。以集中锻炼胸部为例，就是连续进行3~4个胸部动作，中间不加其他部位的动作。直到这些动作都做完。这样你就可使胸部肌肉充满大量血液，使其感到发胀，然后稍加休息，转练其他部位。

（5）超级组法则

当你把锻炼两个起相反作用的、相关肌肉部位的动作连在一组内来做（例如练完上臂二头肌的“弯举”，立刻接练上臂三头肌的“屈臂伸”），这就称为超级组。把这种起相反作用的肌肉群连在一起来练时，有利于促进对抗肌疲劳的加速恢复。

（6）复合组法则

把两个锻炼同一肌肉部位的动作接连进行，就称为复合组法则。其目的不是为了加速恢复疲劳，而是为了对这部分肌肉加大充血量。例如在做了一组“杠铃弯举”后，立即做一组“上斜哑铃弯举”。

(7) 综合练习法则

根据实验证实，肌细胞的不同部分具有对不同水平锻炼起反应的蛋白质和能量系统。肌肉纤维蛋白质遇到高阻力负荷时会逐步增强，肌细胞的有氧系统则对耐力训练起反应。因此，为了使整个肌肉细胞增大，就必须从高到低做各种不同次数组合的练习。例如第一组做 15 次，第二组 10 次，第三组 8 次，最后一组 6 次。凡是采用重量不同、次数不同的多种组合，即称为综合练习法则。

(8) 周期法则

在全年锻炼中的某一时期，你应采用专为增大肌肉围度的锻炼课程，另一时期则应减轻重量、增加次数，并缩短组与组间的休息时间。如此则可避免受伤，保持不断进步。

(9) 静力紧张法则

这和肌肉与控制有关。当你做一个动作时，不论是否使用重量，最后若能静止不动，并保持紧张 3~6 秒或再重复做约 3 次，就是静力紧张训练法。高水平运动员常一周 3 次使用静力训练。这种训练法可以增强你的神经对肌肉控制的能力，而使你在比赛中做各种体姿造型时能让任何部分肌肉线条明显突出。

2.中级健美者的锻炼方案

中级健美者一般指连续训练一年半以上的人，本阶段多采用三分部训练法，即把身体按部位分成 3 个部分，一个单元练一部分，练 3 日休息 1 日，详见表 2–4。

表 2-4　三分部训练法的编排

时间安排	周一	周二	周三	周四	周五	周六	周日
三分部	胸部 肱三头肌 腹部	背部 肱二头肌 腹部	肩部 大腿 小腿	休息	胸部 肱三头肌 腹部	背部 肱二头肌 腹部	肩部 大腿 小腿

注：每个部位 2~3 个动作，每动作 3~6 组，每组 8~12 次，训练时长 1.5~2 小时。

3. 本阶段的主要任务（美化形体阶段）

①以发展力量、增加围度为主，本阶段首先在增大肌肉块方面打好基础。中级健美者应加强全身的力量，来刺激肌肉块的增大，一般来说，这个阶段约需经历 2 年，其快慢往往取决于锻炼者的遗传因素、锻炼方法、营养及休息等条件。

②采用“渐进性超负荷”训练法则，重点练习一些能够承受大重量和需要多块肌肉共同来完成的所谓“基本动作”。

③在进入更高阶段之前必须牢固建立神经肌肉系统对身体各部结构及其功能的指挥、控制以及在其制约下的活动的一体化。这种神经肌肉一体化的指挥控制能力，在日后参加比赛时能帮助你表现出你健美体格的一个最重要的能力。

④中级健美者一般采用三分部训练法。

四、高级健美者的锻炼方案（3 年以后）

1. 高级健美者的锻炼法则

(1)　“欺骗”法则

要使肌肉在锻炼中受到最大强度的刺激，就必须在做每一个动作时，按正确的姿势练到再也无力增做一次为止。练到这种程度，是否还能设法继续练下去呢？有的，那就是在让动作稍稍偏离规定姿势的情况下，或是借助其他部位的力量，来完成最后一次或是再增多一两次。韦德称这种不遵守规定的做法为“欺骗”。他认为“欺骗”法则的合法运用是你在已按正确姿势做到无力再做时，这样，你就是给锻炼的肌肉增加额外的、超量的负荷。你不要在还有力按正确姿势做动作时，采取“欺骗”手段，那样会减轻对肌肉的刺激程度。

(2) 三合组法则

对同一肌肉部位接连做三种不同动作，其间不加休息，称为三合组。这能使你的肌肉迅速充血。由于选了 3 个不同的动作，就会使所练肌肉受到来自 3 个不同角度的叠加不完全相同部位的刺激。这有助于促进某一局部肌肉的完美发展，并能增粗血管。

(3) 巨型组法则

这是把锻炼同一肌肉部位的 4~6 个动作接连起来，其间不加或稍加休息。这可使所练肌肉部位得到全面的发展。

(4) 先期疲劳法则

有些锻炼某一部位的动作，同时必须用上另一部位肌肉的力量协同完成。但由于另一部位肌肉的力量较弱，往往当它已经无力来继续做下去而不得不停止这个动作的练习时，原定主练的部位尚未得到必要强度的刺激。以“卧举”为例，它是一个锻炼胸大肌的主要动作，但又必须依靠肱三头肌的力量把杠铃举起来。常有的情况是：臂部已经力竭而不能再举下去，可是胸大肌还未感到酸胀。在这种情况下，可以在做卧举之前，预先加做一个不需多少臂力而对胸大肌影响较大的动作，例如“卧式飞鸟”，以使胸大肌疲劳，接着再做“卧举”，练完就能使胸大肌较酸胀了，这种练法称为“先期疲劳法”。进行这种训练时要练由某一局部肌肉来完成的“孤立”动作，再接着做由多部肌肉来共同完成的“基本动作”。

(5) 休息—停歇法则

怎样能在做某一动作时，在它的每一组中都使用上你能举起的最大重量？答案是采用休息—停歇法则。其办法是：先用你能举起 2~3 次的最大重量做一组动作；然后休息 30~45 秒，再做 2~3 次；接着再休息 40~60 秒；再做 2 次，接着休息 60~90 秒，再做 1~2 次，这样你就能在一个包括 7~10 次动作的长组中，次次都在接近最大限度的重量。这是一个主要增大体力兼增大肌肉块的训练法则。

(6) 顶峰收缩法则

这是使肌肉线条练得十分明显的一项主要法则。它要求当某个动作做到肌肉收缩最紧张的位置时，保持一下这种收缩最紧张的状态，然后慢慢恢复到动作的开始位置。有的动作并不容易做到。例如做哑铃“弯举”时，一般在动作达顶点时，哑铃的重量得到肘部的支持，反不易把肌肉收紧。为了使你在肌肉收缩最紧时提供应有的阻力，你可把身体稍向前倾，让你的手臂出于地心引力的垂直线之外，这样你就不能把肘部完全锁住，使肌肉必须一直紧张，这样就能使肱二头肌峰凸起，肌纹分明。

(7) 持续紧张法则

物理的“惯性”可能对你的锻炼效果有最大的损害。如果你的动作做得很快，动作的过程中借用了摇摆力，那就会减弱肌肉所做的功。不如有意缓慢地做。首先，在做动作时不要使用冲劲起动；然后不论上举或下降都要慢慢完成，这样可使肌肉一直保持紧张状态，以使肌肉线条特别明显。

(8) 反地心吸力法则

在你的动作下落时，用力抗住所用重量是一种强度很大的锻炼方式，会使肌肉感到强烈的酸疼，但能促进肌肉的最大增长。这种训练法不宜经常使用，而只能有时使用。其具体的做法是：若做哑铃弯举时，你可用30kg连续做8次，也可以用35kg的哑铃，借摇摆之力做8次，把它上举到肩部，然后接正确的姿势让它慢慢下落到起点。这种训练法可以增强你的肌肉结缔组织，更快地增大体力。

(9) 强挤次数法则

这是一种强度很大的锻炼法，不宜经常用，否则容易造成锻炼过度。其做法是：以做卧举为例，你若能80kg做8次，当你已做到8次而无力完成第9次时，让你的同伴在你的杠中央帮上一把力，使你能把杠铃举过那个困难的“胶着点”，接着由自己把这动作完成，让你用这种办法多挤出2~3次。这种练法可使你的肌肉达到超乎寻常的疲劳度来刺激肌肉更加增大，更为结实。

2. 高级健美者的锻炼方案

高级健美者一般指连续训练3年以上的人，本阶段多采用每日分部训练法，即把身体以周为单位按部位分成6个部分，每日一个部分，每日练习，周日休息。

一般大肌肉群每周刺激两次，小肌肉群每周刺激一次。

3. 本阶段的主要任务（精雕细琢阶段）

①这一阶段的饮食量要比上一阶段稍低些，才能使肌肉线条更加明显突出。这一阶段的训练，实际上就是准备参加比赛

的训练。增大肌肉块已不是本阶段的目标了，保持其不退步是此阶段的目标之一。只要隔日对每个肌肉群做一个基本动作就足以保持已练就的肌肉块和体力。

②这个阶段一般采用每日分部训练法来进行（目前国家队集训采用的是每日四练，即早晨伸拉、上午器械、下午器械、晚上造型）。所用的动作，绝大多数是孤立动作，有时是专注一侧的。在这个阶段中，在几组动作之间，可增加“静力紧张法则”来收缩你的各块肌肉。有时还要使这块肌肉处于不同的体姿位置中来进行收缩。

③在这阶段中的减食，应在比赛前的三个月内逐步递减，以在比赛时达到最佳状态，但绝不可减少到一天摄入 1500 卡路里之下。脂肪的消除，绝不可能太快，而只能逐步减少。

④比赛结束后，可以暂停第三阶段的训练法和限制饮食的措施，除非还要接着搞表演。整休两星期是好办法，可使你的精神和肉体的消耗得到充分的恢复。然后，根据你的经验和体格发展水平，可再回到中级训练阶段。

一个健美运动员在其训练出一个完美体格的漫长过程中，他的锻炼目标和重点是会逐渐变化的。往往在进入高级阶段之前，重复中级阶段的锻炼目标和重点是可取的，在某种情况下，还是大有好处的。

第三节　影响健美锻炼的负荷因素

一、P（percent）最大负荷百分比

最大负荷百分比 P 是表示力量练习强度大小的指标，通

常以“最多重复次数”（RM）多少来表示，也可以用最大肌力的百分比表示。RM 为 1，代表此时的负荷重量只能被完成 1 次，为本人的最大负荷重量；而 RM 为 25，代表此时的负荷重量可以被完成 25 次，是一个相对较小的负荷重量。由于每个人的力量不同，所以他们的 RM 的重量也不同，因此以 RM 来确定力量练习的强度更加科学合理。不同次数不同的训练效果见表 2–5。

表 2–5　练习强度与效果表

练习强度	练习效果
1~5RM	肌纤维增粗不明显，力量显著增加
6~10RM	肌纤维增粗明显，力量适当提高
11~15RM	肌纤维增粗明显，耐力适当提高
16~25RM	肌纤维增粗不明显，耐力显著增加
25 以上 RM	毛细血管增多，消耗大，利于减肥

二、I（interval）每两组练习间的间隔

I 是指每两组力量练习之间的休息时间，其长短会显著影响力量练习时的肌肉代谢、激素和心血管反应。健美训练的长间歇是 60 秒，短间歇是 30~45 秒。

三、R（repetition）一组练习的重复次数

R 是指一组力量训练中不间断完成力量练习的次数。R 的多少与力量练习的强度密切相关，力量训练过程中，选择适当的 R 与 P 组合，可以用于提高肌肉力量、爆发力和增大肌肉

体积等多种不同的训练目的。一次训练课当中力量练习的总次数与负荷强度的乘积称为运动量或者训练量。

四、T（time）完成重复练习的时间

T是指力量训练过程中练习者完成每组力量练习时的总时间，反映动作速度的快慢。T可以影响力量训练中神经控制、肌肉肥大和能量代谢等多种生理反应。一般情况下，对于提高肌肉力量而言，初练者可以采用低速和中速进行训练，而优秀运动员采用中速和高速训练更加有效。

五、S（set）组数

组数多少受多种因素影响，训练目的不同可规定不同的力量练习组数。一般情况下，一次力量训练课当中S可选择3~6组之间。

六、F（frequency）频率

训练频率通常是指每周训练的次数，其选择受多种因素如运动量、练习强度、身体机能状态、恢复能力以及每周力量训练课的训练目标等的影响。一般情况下，对于初练者而言，训练频率选择2~3次/周为宜；如果你要减肥，那么就要天天进行锻炼，消耗脂肪，还未等到超量恢复到来就进行下次锻炼就会达到很好的效果；如果为了增进心血管功能，每周运动次数不得少于5~6次；若想增肌，一般要用隔日训练法，一周3~4

次。最好在专家指导下进行锻炼才能收到良好的效果。

但对于举重和健美等力量性和肌肉展示性运动项目来说，训练频率可高达 8~12 次/周，此时力量训练不是以传统的每天作为计量单位，而是以半天作为基本单位，即每天安排 2 次训练课。只要能够保证运动员身体机能的充分恢复和避免过度训练，优秀的举重和健美运动员等通过所谓的两阶段高频训练可以获得更好的力量和健美训练效果。

七、锻炼的时间

锻炼时间就是指一天的训练或者一次的训练安排在某一天那一段时间或者是多段时间。每次的锻炼安排在什么时间好，要根据个人的具体工作和学习时间来选择。锻炼时间最好安排在同一时间，没有特殊情况不要任意改变。因为每天在固定的时间锻炼，能使你产生锻炼的欲望，养成正常投入锻炼的习惯；有助于内脏器官形成条件反射，使你进入一个规律的“生物钟”状态。一般上午锻炼安排在 8~11 点，下午安排在 2 点以后，中午有条件可休息 20~30 分钟，最多不超过 1 个小时，但在临睡前 2 小时要结束锻炼，否则会影响睡眠。

第四节　健美锻炼的呼吸方式

健美锻炼是一项以有氧代谢为主无氧代谢为辅的运动。健身场所不仅要求空气清新，还要求练习者掌握正确的呼吸方法，否则易产生头昏、恶心、过早的疲劳等现象。因此掌握正确的呼吸方法对从事健美训练的人来说是至关重要的。

一、同步式呼吸方法

形式：每做一次动作进行一次呼吸，呼吸是在动作过程中完成的。

①收缩时闭气并快呼气，伸展时慢吸气。一般在负荷较重、仰卧位或须固定肩胸腹部时采用这种呼吸方式。如“颈后宽推”“仰卧推举”“举腿”等。需要强调的是，在练习胸部时，为达到尽可能挺胸沉肩的要求，允许深吸气，如“仰卧飞鸟”，但闭气时间一定要短暂，呼气成喷吐状。

②收缩时快吸气，伸展时慢呼气。这一呼吸方式与上一种方式相反，它吸气时快速有力，呼气时缓慢深长，一般在负荷较轻的退让性练习时采用。如“哑铃弯举”“立姿飞鸟”，这一方式强调的是意念集中。

二、非同步式呼吸方法

形式：呼吸频率和动作次数不相等，呼吸是在动作和下一次动作之间进行的。

①几次动作一次呼吸。即连续几次动作后暂停动作，做一次呼吸，再连续几次动作后，再做一次呼吸。该方式在训练课的开始阶段，重量轻，速度快，精力充沛时或做准备活动时常采用。如“俯卧撑”“双杠臂屈撑”等。

②一次动作几次呼吸。是在负荷大重量（90%以上）或人

体接近疲劳时，调整一下呼吸再努力完成一次动作的训练。如“杠铃深蹲”“举腿”等，这种呼吸方式强调的是超负荷。

三、混合式呼吸方法

在一次练习动作中，前期体力尚佳，可采用同步式呼吸方法，到后程由于体力下降，体内的氧债积累，同步式呼吸已不能满足人体氧气的需要，应立即改变为非同步式呼吸方式，增加呼吸次数，才能提供更多的氧气。

四、自由调节式呼吸方法

在进行小强度训练时，其呼吸常采用自由调节式。“提踵”“慢跑”“骑功率自行车”等都属于该范畴。

总而言之，健美训练方法复杂多样，其呼吸方式也应随动作而变。正确的呼吸要领不仅有“给氧”的功能，而且还有固定肩带、调整胸部体位和协助完成动作的重要作用。

第五节 健美锻炼的注意事项

一、准备工作

在训练前要进行身体检查，了解自己身体状况，在经医生许可后方可参加锻炼。在健身锻炼前要对自己的体围、体重和力量进行测量，以便今后进行效果评价。

二、进行适应性练习

如果体质较差，在进行锻炼之前，需要进行适应性练习，如各种徒手操、慢跑、俯卧撑、仰卧起坐等身体练习，一般持续半个月至一个月左右，就可进行健身锻炼。

三、穿着合适的运动衣

为了适应健美训练，可在开始训练之前，准备好运动服装。服装以宽松、舒适、不限制肢体运动为宜。另外，准备好训练必备的一些如护腕、腰带、训练手套等器具。如不在健身房训练，还应备用可以调节的杠铃、哑铃、拉力器等训练工具。

四、做好热身活动

热身活动可以降低关节之间的粘滞性，加快血液循环，避免肌肉拉伤。同时可提高神经系统的兴奋性，克服各内脏器官的生理惰性。

五、做好防护措施

训练时要做好必要的防护，防止受伤，锻炼时要有同伴在场保护，以防发生意外事故。

六、量力而行

不要盲目试举超过自己能力范围的重量，以免造成损伤。

七、有效控制练习

在锻炼中要根据自己的情况来确立训练计划，如果在训练中出现不适现象如头昏、乏力、恶心、出虚汗等应立即停止训练，到空气新鲜的地方去休息，以免疲劳进一步积累而引起过度训练。

八、合理恢复

锻炼结束后不能立即卧床休息或进食，应进行放松整理，如按摩、抖动、淋浴等放松活动。过上半小时再进餐，并且要注意营养的补充。另外，要保证充分的睡眠。

九、健美锻炼中的保健问题

通常练习者在参加运动前应进行身体的全面检查，包括身高、体重、体脂百分比等，并要重点检查心血管系统的机能。不允许发烧或患有感冒的人参加运动，以免加重病情。而对于患有心脏病、糖尿病、肝炎、肾炎等疾病的人，在锻炼时要慎重，练习前首先要做体检，要征求医生和专业教练的意见，酌情确定自己的锻炼方案。

十、饮水

健美锻炼时，一次性大量饮水对健康不利。因为大量水分骤然进入体内，会使血液稀释、血量增加，这样会增加心脏的负担。此外，大量的水进入胃中，由于不能及时被机体吸收(以吸收水的速度每小时最多 800 毫升来计算)，就会造成水在胃中贮留，稀释胃液，影响消化。若大量饮水后继续运动，水在胃中晃动，则会使人不舒服，容易引起呕吐。所以，锻炼中的饮水应以“少量、多次”为原则。一般在开始运动前 10~15 分钟，可饮 400~600 毫升水，以增加体内水的临时储备，而运动中也可每 15~20 分钟饮 100~150 毫升水。这样既可以随时保持体内水的平衡，较好地维持运动中的生理机能，又不会增加心脏和胃的负担。

第三章 人体解剖与生理学基础知识

作为一名健身教练，了解人体解剖与生理学基础知识是必需的。人体的美必须是符合人体解剖结构的。人体的骨架，构建了人体美的内在的基本支撑；肌肉附着在骨架上，形成了人体健力美的基本外形；再加上人内在表现出的精气神，成就了一个人的美。因此，学习解剖知识对一位健身教练或健身爱好者来说是至关重要的。

第一节 人体的骨骼、关节、肌肉

一、骨骼

全身骨架由 206 块不同的骨骼组成，保护着大脑及内脏并为肌肉活动提供杠杆结构，骨也是全身最大的造血器官和钙库。骨有四种类型：长骨、短骨、扁骨、不规则骨。

长骨如手臂、腿上的骨头；短骨如手、脚上的骨头（有些短骨形状不规则）；扁骨如头颅骨。

二、关节

关节就是骨的联结，也称骨联结。按关节两端骨允许的运动程度和范围，分为以下三种类型：

1. 不动关节

关节活动受到限制，如头颅骨之间的联结。

2. 半活动关节

关节可小幅度地活动，如脊柱骨之间的联结。

3. 可动关节

允许关节大幅度地活动，如膝关节、肩关节和肘关节等。可动关节对身体活动最重要，在关节活动幅度允许的范围内，肌肉收缩时产生运动。这些关节都由韧带和肌腱加固。因为这些关节经常活动，从结构上有润滑的关节面及润滑剂，组成每一个可动关节的骨的两端覆盖着关节透明软骨，这种软骨还能缓冲震动的影响而降低骨面受磨损的机率。滑液是由关节软骨分泌在关节上或关节腔内的润滑剂，位于关节外的内含滑液的囊有助于减轻肌腱、韧带及肌肉在运动时的摩擦。根据活动范围来分，可动关节又可分为五类：

①球型联结：允许关节在各个方向上运动，如肩关节，可做环绕运动。

②铰链联结：允许关节在一个平面内运动，例如肘关节。

③鞍状联结：允许关节在各个方向运动，如第一掌指关节的联结。

④枢纽联结：允许围绕骨的多轴旋转。例如掌尺联结，我们转动手腕时，能将手掌朝上（旋前）或朝下（旋后）。

⑤滑动联结：仅允许关节滑动或转动。如腕骨之间或踝骨之间的联结。

三、肌肉

肌肉在身体中分布很广泛，全身的骨骼肌约有520余块，约占体重的40%~50%，其中四肢肌肉粗壮发达，又占肌肉总量的80%（上肢肌占30%，下肢肌占50%），肌肉是人体的主体。

1. 肌肉的类型

人体肌肉可分为平滑肌、心肌和骨骼肌三种类型。平滑肌构成内脏器官（如胃肠、血管、膀胱等）。因不受人的意识支配，自行节律收缩，故称为不随意肌。心肌主要构成心脏，为心脏所特有。骨骼肌主要分布于躯干和四肢，通常附着在骨头上，受人的神经支配，产生随意活动（如走、跑、跳等），称为随意肌。人们常说的肌肉，主要指的是骨骼肌，如胸大肌、背阔肌、腹直肌、股四头肌等。

2. 肌肉的形态

人体肌肉的形态多种多样，其长短、粗细、大小各异，以肌肉的外形轮廓可分为长肌、短肌、阔肌和轮匝肌四种。肌肉形态的构成取决于其功能特点。此外，按肌肉的位置分有胸肌、腹肌、背肌、腰肌等；按功能分有屈肌、伸肌等；按肌头数分有二头肌、三头肌和四头肌等。

3. 肌肉的特征

人体各种动作的完成，主要是肌肉收缩作用于骨骼的结果，就是说运动是以骨为杠杆、关节为支点，肌肉收缩产生动力并在神经系统的调节下完成的。在健身运动过程中，一个动作的完成，实际上是肌肉收缩和放松活动的结果。由此可见，肌肉的基本特征就是将化学能转变为机械能。

(1) 肌肉的收缩

肌肉由肌纤维组成，当受到神经刺激后，每条肌纤维都有产生收缩的功能，肌肉收缩是人体运动的动力来源。常见的肌肉收缩有以下四种类型。①向心收缩：当收缩力大于阻力时，肌肉做向心收缩，这种收缩也称等张收缩；②离心收缩：当收缩力小于阻力时，肌肉做离心收缩或称退让收缩；③等长收缩：当收缩力等于阻力时，肌肉做等长收缩，此类收缩尽管肌肉张力不断增强，但关节角度没有变化，也称之为静力性收缩；④等动收缩：在整个关节运动范围内肌肉以恒定的速度，且肌肉收缩时产生的力量始终与阻力相等的肌肉收缩称等动收缩。

(2) 肌肉的放松

肌肉放松也是肌肉的一个重要特征。在健身运动过程中，善于放松那些不直接参加完成动作的肌肉，不仅能节省体内的能量消耗，减轻有机体的生理负荷量，而且可以保持动作的准确、协调和有力。例如上臂前侧的肱二头肌和肱肌在收缩屈肘时，后侧的肱三头肌则要同时充分放松伸长；大腿后侧的股二头肌收缩屈膝时，前面的股四头肌也要充分放松拉长。只有在这种条件下，上臂的肱二头肌、肱肌和大腿的股二头肌的收缩力量才能最大。另外，善于放松肌肉，还能避免运动损伤。尤其是在运动后的肌肉放松练习，可以促进肌肉物质与能量的恢复，有利于解除机体的疲劳。

4. 肌肉的名称

各部位的肌肉名称，详见图 3–1。

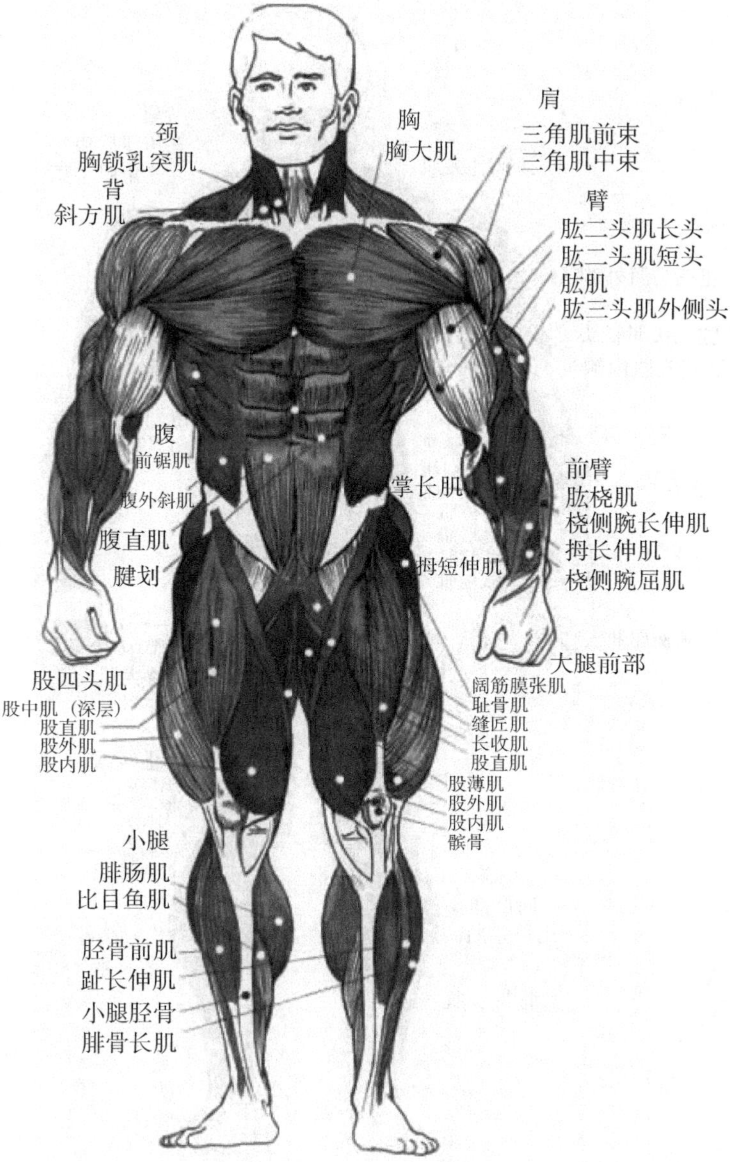

颈
胸锁乳突肌
背
斜方肌
胸
胸大肌
肩
三角肌前束
三角肌中束
臂
肱二头肌长头
肱二头肌短头
肱肌
肱三头肌外侧头
腹
前锯肌
腹外斜肌
腹直肌
腱划
掌长肌
拇短伸肌
前臂
肱桡肌
桡侧腕长伸肌
拇长伸肌
桡侧腕屈肌
大腿前部
阔筋膜张肌
耻骨肌
缝匠肌
长收肌
股直肌
股薄肌
股外肌
股内肌
髌骨
股四头肌
股中肌（深层）
股直肌
股外肌
股内肌
小腿
腓肠肌
比目鱼肌
胫骨前肌
趾长伸肌
小腿胫骨
腓骨长肌

图 3–1 肌肉名称（前视图）

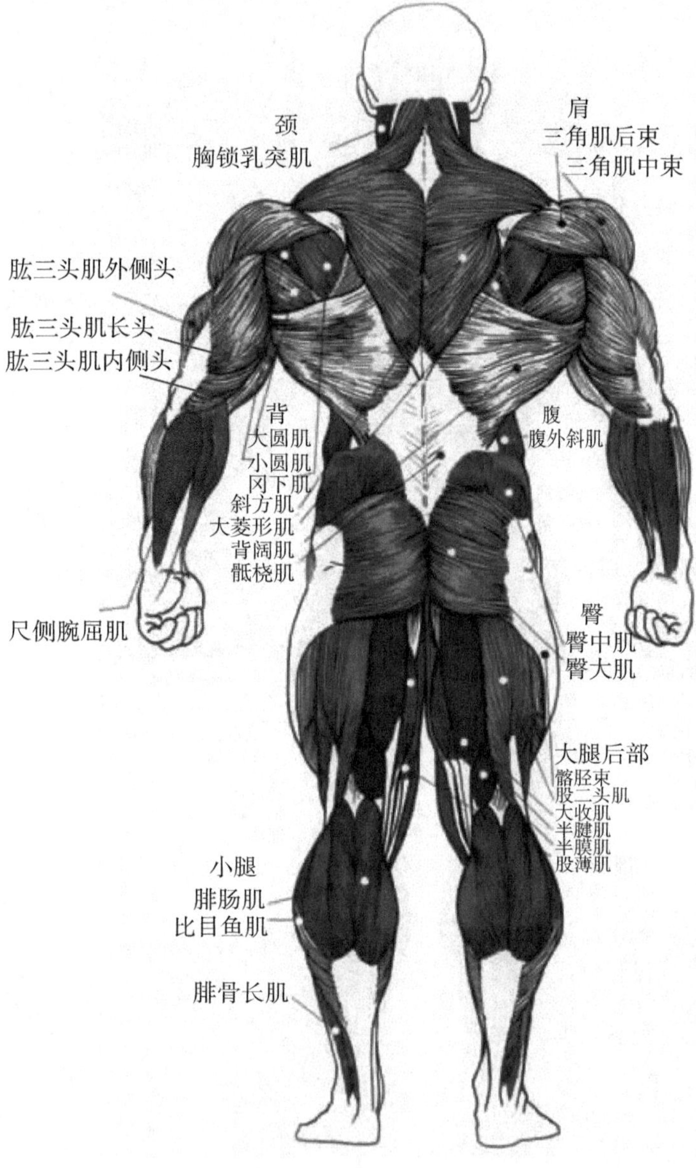
颈
胸锁乳突肌
肩
三角肌后束
三角肌中束
肱三头肌外侧头
肱三头肌长头
肱三头肌内侧头
背
大圆肌
小圆肌
冈下肌
斜方肌
大菱形肌
背阔肌
骶桡肌
腹
腹外斜肌
尺侧腕屈肌
臀
臀中肌
臀大肌
大腿后部
髂胫束
股二头肌
大收肌
半腱肌
半膜肌
股薄肌
小腿
腓肠肌
比目鱼肌
腓骨长肌

图 3–1　肌肉名称（后视图）

第二节　肌肉的配布与协作

人体的每一根肌纤维收缩都能发挥100~200毫克的力量。人体全身肌肉所含的肌纤维达2.7亿~3亿条。如果这些肌纤维的作用方向一致，其发挥的力量可达25~54吨。然而，人体肌肉的纤维方向和分布是不一致的，是从不同方向和角度作用于骨骼，使人体产生各种各样的动作。

一、肌肉的分布

肌肉在人体上是以相互撷抗的原则分布在关节运动轴的相对侧。一个运动轴就有一对互相撷抗的肌群。也就是说，关节的任何一个运动轴总有作用相反的两组肌肉，有屈肌必然有伸肌，有内收肌必然有外展肌，有旋内肌必然有旋外肌，因此肌肉的配布同关节运动轴有关。

任何一个简单的动作，除了要有收缩发力完成这个动作的肌肉外，还需要其他许多肌肉协调配合才能完成。例如双手持哑铃做躬身侧平举，就有许多肌群参与工作，如脊柱的伸肌群使躯干固定在伸直位置上；髋关节的伸肌群使躯干在髋关节处保持姿势，不让重力使躯干落下；膝关节的伸肌群使大腿在膝关节处维持伸直的位置；肘关节的伸肌群使前臂在肘关节保持伸直的姿势等。在上述肌肉工作条件下，肩关节的伸肌群（背阔肌、大圆肌等）和肩带的后缩肌群（斜方肌、菱形肌等）才能收缩发力完成手臂水平伸动作；同时，肩关节的屈肌群和肩带的前伸肌群还要协调放松，任何一个简单的动作，除了需要许多肌肉参与工作外，身体不同部位的肌肉在不同的动作中所起的作用也不同。根据肌群在动作中的作用，可分为原动肌、协同肌、对抗肌和固定肌四种。

1. 原动肌

指在关节运动中，主要完成动作的肌肉群。例如“杠铃反握臂弯举”动作中的肱肌和肱二头肌就是原动肌。

2. 协同肌

指与原动肌共处于关节轴的同一侧，帮助完成动作的肌肉群。例如“杠铃反握臂弯举”动作，除了肱肌和肱二头肌收缩用力外，肱桡肌和旋前圆肌则是协同完成弯举动作的肌肉群。

3. 对抗肌

指与原动肌的机能作用相反的肌肉，两者分别处于关节对应的两侧。如“杠铃弯举”动作，肘关节的伸肌即肱三头肌就是对抗肌。

4. 固定肌

指关节运动时，固定关节的另一端，为原动肌的工作建立稳固的支持。如“弯举”动作时，肩部肌肉是固定肌，它们固定上臂，为“弯举”动作建立了稳固的支点。

二、肌肉的协作

肌肉的协作关系十分复杂。只有原动肌和协同肌密切合作，才能达到并保证更强有力的肌肉收缩和动作的协调准确。

当原动肌收缩时，对抗肌就自然放松和被拉长，并以本身的拉长来延缓和抑制运动，使动作均衡而稳定，从反面协助原动肌完成动作。

肌肉的对抗和协同关系不是一成不变的，而是随着条件的改变而互相转化的。所以，在健身运动中，了解肌肉的配布规律，明确肌肉工作中的协作和对抗的关系，对理解和掌握健身运动的锻炼动作，有目的地全面发展身体肌群具有重要意义。

第三节　肌肉的生长

生物进化论告诉我们，长久不使用的器官会萎缩、退化；经常使用的器官则会应运动的需要而发生适应性变化。肌肉是人体的重要器官，它的最终形态与它所从事的运动性质密切相关。例如：长跑运动员肌肉小耐力好，并非他们训练不努力，而是项目特点决定了该运动肌肉体积就长不大。投掷运动员肌肉浑圆而力量大，跳高运动员线条修长爆发力强，再看游泳、举重、体操等，运动员长年的专项训练，使他们的体格形态发生了适应性变化。健美训练目的是按人体美学的要求，发展肌肉、塑造体型，因此，凡可以实现“塑造体型”的方法都和健美训练相关。

多数学者们认为，在运动训练影响下，肌纤维数量并不发生变化，而肌肉体积可明显增大，肌肉体积的增大，实际上是肌纤维增粗的表现。

一、同化作用和异化作用

我们通过人体的同化和异化作用了解到，肌纤维总是在不断地从其周围环境中摄取营养成份，进行转化，成为可被利用的物质以建造自身，这个过程被称为合成代谢；另一方面，机体又将自身物质进行分解，释放能量供生命活动和运动的需要，这个过程称为分解代谢。两过程合称为物质代谢。肌纤维在不断的物质代谢条件下，合成过程超过分解过程，肌纤维本身便发生质量变化，肌细胞膜变厚，肌质增多，如线粒体增多、肌原纤维增粗等，于是肌细胞体积便增大。

健美训练是以增长肌肉为主要内容，如何使合成过程进一步大于分解过程是健美训练的关键，详见表 3–1。

表 3–1　肌细胞体积的变化过程

条件	肌细胞体积
合成过程>分解过程	增大
合成过程<分解过程	缩小
合成过程=分解过程	保持

二、超量恢复与强度和量的关系

在训练过程中，机体需要消耗一定的能量，体内的物质贮备要相应减少，在练习停止后经过一段时间食物的补充和休息，体内的物质和能量贮备不仅可以恢复到原来水平，在一段时间内甚至会出现超过原来水平的现象，这种现象叫超量恢复。正是因为机体存在有超量恢复现象，才使健美训练成为可能，见图 3–2。

运动生理学中的超量恢复原理证明：有机体的分解过程（消耗）同合成过程（恢复）是互为制约、互为促进的，超量恢复的幅度取决于消耗的强度和量。实践证明，在一定限度内，负荷强度越大，分解过程越剧烈，超量恢复就越显著。因此，力量性项目运动员肌肉相对发达，如举重等，耐力性项目运动员肌肉相对欠发达，如长跑等。

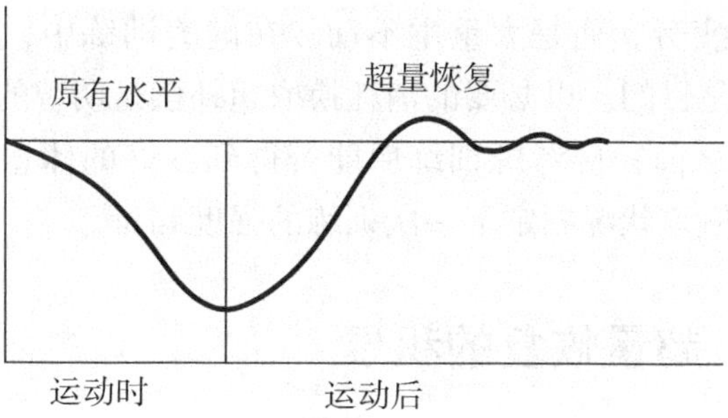

图 3–2

研究发现，在一定限度内，负荷强度越大，消耗过程越剧烈，超量恢复就越明显，见图 3–3。肌肉增长追求最大值蛋白质的超量恢复，一组消耗小，消耗过程不剧烈，超量恢复不明显；二组消耗剧烈时间短，恢复不明显；三组负荷强度小，消

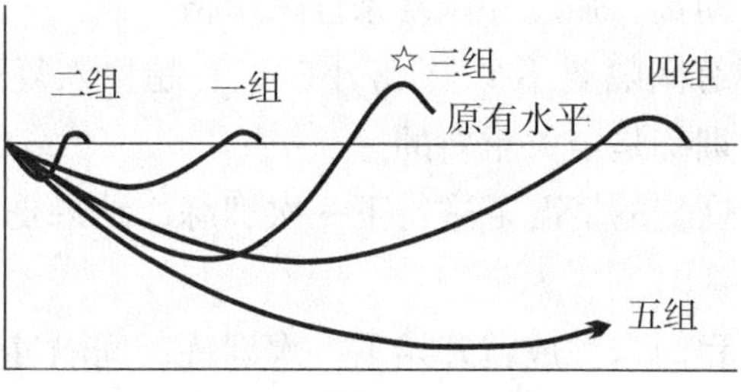

图 3–3

耗大，时间长，超量恢复不显著；四组负荷强度大，消耗过程剧烈，超量恢复明显。由以上可看出，选择强度较大、消耗量适中且消耗过程剧烈的练习是首选。

剧烈消耗不等于大量消耗，肌肉增长不主张大量消耗。那么是不是负荷越重越好呢？回答是否定的！因为它消耗过少，并非肌肉疲劳，而是太重举不动。在健美训练中，消耗是手段，补偿是目的。以必要的消耗换取超补偿是明智的。在安排一次训练之前，应考虑训练后能否得到良好的休息和营养补充，根据恢复状况制定下一次训练的强度和量。

三、超量恢复的积累

肌肉是通过合成过程大于分解过程而逐渐发达起来的，仅凭几次所获得的超量恢复是不能实现健美目的的。实践证明，健美训练必须遵循“系统性原则”，经常锻炼有间隔多少时间练一次的含意。我国健美运动先驱曾维琪先生说过：“健美训练实际上是对肌肉的一种‘破坏’，而营养与休息是对肌肉的一种‘修补’，这种修补是需要时间的。”也就是说，肌肉的增长是在“间隔”中完成的，每次训练的间隔该多长，应根据前一次训练运动量、强度和恢复条件来严格控制。一般来讲，同一个部位训练间隔要不少于 48 小时，在超量恢复达到顶峰时进行下一次训练是至关重要的。

在超量恢复的情况下进行下一次训练，结果是机能情况加强，见图 3–4。

恢复过程尚未完成就开始下一次训练，间隔过短，结果是机能降低（减肥者可适当采用），见图 3–5。

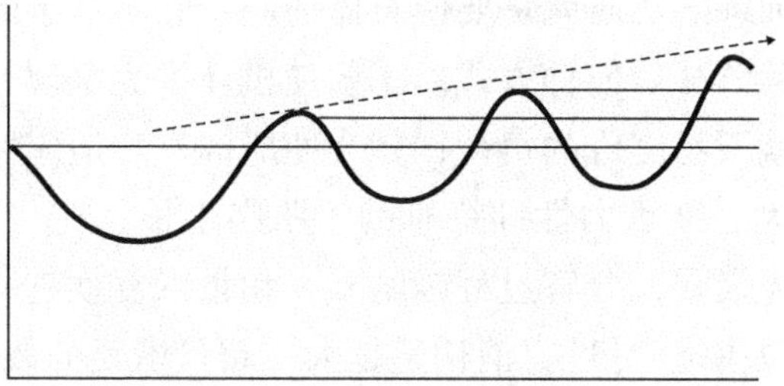

图 3–4

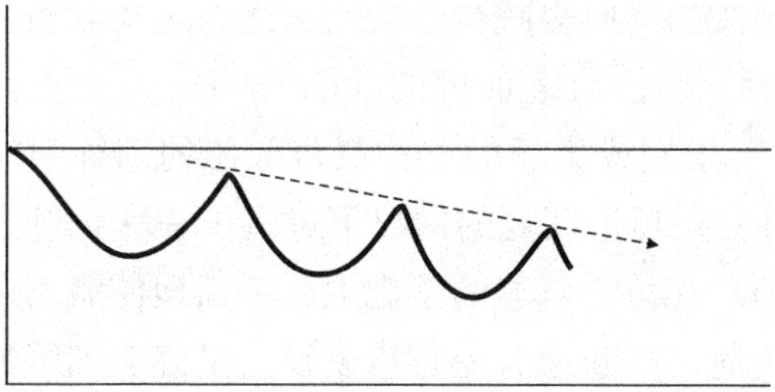

图 3–5

上一次训练所引起的机能变化已完全恢复，开始下一次训练，间隔过长，结果是机能情况没有变化，见图 3–6。

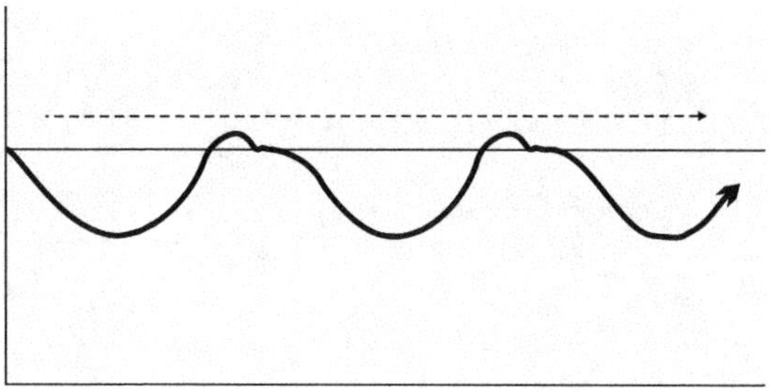

图 3–6

健美训练的实质就是要使身体适应于它所从事的运动，不论采用何种器械、何种方式。①要使机体去克服现有身体条件不经努力就不易完成的负荷，就会使肌肉发生适应性变化，比原来更强大。②重力性训练有助于肌肉生长，在一定限度内，重量越接近极限，分解过程越剧烈，超量恢复就越明显。同时每组的次数决定“量”，消耗量越大，超量恢复的数量就越多。建议用 60%~70%的重量，每组进行 8~12 次的训练，肌肉生长最快。③随着运动水平的提高，强度和量要逐渐增加。因为机体对相同刺激的反应会减少，久而久之，运动刺激强度会逐渐减弱。④同一部位肌肉训练的间隔时间至关重要，肌肉是在“间隔时间”中完成生长的，建议每部位的训练间隔应控制在 48~72 小时。在超量恢复的情况下进行下一次训练是健美训练的根本法则。在科学营养的基础上，不断地使肌肉去克服逐步增强的超负荷，不断地获得超量恢复，是健美训练的真谛。

第四章　身体各部位健美练习方法

健美练习的动作一定要有指向性，做到指哪里练哪里，这样才可以完成雕塑人体的任务。练习动作是根据该部位肌肉的生理机能设计的，要顺应肌肉的走向，了解肌肉的起止点，练习中忌讳拧着肌肉发力或练完后主动肌受力不明显。

第一节　肩、胸、背部的练习方法

一、肩部

肩部肌肉主要由三角肌和斜方肌的上部等组成。三角肌位于肩部呈倒三角形，它由前、中、后束肌纤维组成，其主要机能是使上臂屈、伸、外展、旋内和旋外，对固定肩关节有一定作用。经常对三角肌进行训练能使肩部增宽。

1. 三角肌前、中束练习方法

(1) 坐姿杠铃宽推

动作包括颈后、颈前宽握距向上推举杠铃。推举尽量不要推到双臂完全伸直，否则会使肘关节完全伸直被锁住，三角肌受力不明显，如果在肘关节伸直前就停下来，开始放下哑铃，则练习效果会大大加强。（图 4–1、图 4–2）

图 4-1

图 4-2

(2) 坐姿哑铃推举

动作包括双臂与单臂哑铃推举。(图 4-3、图 4-4)

图 4-3

图 4-4

(3) 前平举和侧平举

手持哑铃直立站稳，三角肌收缩，直臂向前平举至肩高，稍停后仍用三角肌控制，慢下还原。(此方式也可以做侧平举)

（4）窄握上拉

自然站立，两手体前窄握杠铃，虎口相对；提肘将杠铃向上拉起，至最高点时稍停，再让杠铃慢慢放下至两臂伸直，身体站稳，杠贴身体上下移动，上拉时两肘尖向斜上方，下放时做退让练习。（图 4–5、图 4–6）

图 4–5

（5）立姿飞鸟

双脚开立稍窄于肩宽，两手持铃于腹前，手心相对，微屈膝，挺胸抬头；两手持铃在体前向侧做弧形侧举稍高于肩，肘关节微屈，手心向下，稍停后还原。（图 4–7、图 4–8）

图 4–6

注意事项：还原时要用三角肌的力量控制。

图 4–7

图 4–8

(6) 哑铃上举侧慢下

自然站立，腰背挺直，两手持哑铃经过身前上举至头顶，肘关节稍曲，然后经体侧慢慢下落至体前，掌心相对，然后重复。（图 4–9、图 4–10）

图 4–9

图 4–10

注意事项：动作不要太急，做到有节奏地控制，以免受伤。

坐姿宽推、窄握上拉、立姿飞鸟、哑铃上举侧慢下，主要塑造三角肌中、前束，有利于增加两肩的宽度，对矫正溜肩、窄肩有一定效果。

2. 三角肌后束练习方法

(1) 俯坐飞鸟

俯坐在凳端上，臂下垂，两手握哑铃，收缩三角肌后侧，直臂由两侧举起约与肩平，稍停，两臂缓缓下落。（图 4–11、图 4–12）

图 4-11

图 4-12

要领：挺腹，头稍抬，上体不得摆动，平举后三角肌要彻底收缩，放下后要放松。

(2) 单臂俯身飞鸟

俯身挺胸，头稍抬，一手握哑铃下垂，另一手扶一固定物，收缩三角肌后束，微屈臂由体前侧举起，略高于肩，稍停，单臂缓缓下落，上体不可上下摆动，举平后三角肌后束要彻底收缩，还原时要用三角肌的力量控制。（图 4-13、图 4-14）

图 4-13

图 4-14

要领：整个动作过程中，背部保持塌腰，意念要集中在收缩的部位上，三角肌后束发力，上体不得上下摆动。

二、胸部

胸部的主要肌肉有胸大肌、胸小肌、前锯肌、肋间肌等。胸部健美是健美的重要标志，健美的胸应该既饱满又方正，胸部的上、中、下、侧及中间沟皆应得到发展。胸大肌是胸部的主要肌肉，它是块较大的扇形扁肌。主要机能是使上臂屈、内收、旋内，还能拉引躯干向上臂靠拢。它的走向分成上部、中部和下部，其发达程度是一个人健美与否的主要标志之一。

1. 仰卧推举

平卧或斜卧（上斜或下斜）在卧推架上，握距稍宽于肩，从架上举起杠铃，两臂伸直，屈臂缓缓下落，将杠铃贴近胸部(乳头上 2cm)，用胸肌和臂肌的力量，把杠铃垂直上推至两臂伸直稍停，彻底收缩胸、臂肌肌肉，然后重复。（图 4-15、图 4-16）

要领：颈部贴实凳面，挺胸弓背。

图 4-15

图 4-16

2. 仰卧飞鸟

双手持哑铃于胸上，两臂伸直稳定，两臂向体侧作缓慢圆弧下落，同时两肘稍屈，吸气挺胸，当降到最低点后稍停，收缩胸肌使两臂依原轨迹举起，直到两臂伸直于胸上位置。（图 4–17、图 4–18）

图 4–17

图 4–18

要领：收紧胸部肌肉，上举时动作稍快，下落时做肌肉退性收缩，缓慢还原至初始位置，一边下放一边屈肘至 120°左右，肘关节角度不可太大，以免无法控制重量，造成伤害。

3. 十字夹胸

双脚左右开立，膝关节稍弯曲，重心前压与配重保持平衡，肘关节保持 120°夹角，胸部发力内夹，带动双臂向内聚拢，在胸部前方汇合，停顿 1~2 秒，随后缓缓张开双臂，至肘部与肩同高或略高于肩部，重复。（图 4–19、图 4–20）

要领：胸部发力。

图 4–19

图 4–20

4. 蝴蝶机夹胸

将座位调整到一定高度，双肘打开和背面在一条立面上，在内收的时候保持停顿 2 秒，充分挤压胸大肌，缓缓伸展打开，胸肌收缩时呼气，打开时吸气。（图 4–21、图 4–22）

图 4–21

图 4–22

这个动作的主要训练目标位置是胸大肌中沟的深度，让胸大肌能够更加的饱满和使肌肉线条更加明显。

5. 俯卧撑

手撑距分宽、中、窄，脚垫高或身体负重以提高难度，四指向前，开肘屈臂到最低时胸肌充分伸展、稍停，收缩胸肌和肱三头肌，使臂伸直稍停。（图略）

要领：全身始终挺直，胸肌发力为主。

6. 仰卧屈臂上拉

直角位躺于长凳上，双手合握一哑铃置于胸前上方，臂稍屈，挺胸后倒上臂至头后，髋部降低使上体成反躬（吸气），缓慢圆弧路线屈臂将哑铃上拉至小腹（呼气），往复进行。练习部位是胸大肌、前锯肌、肋间肌等。（图 4–23、图 4–24）

图 4–23

图 4–24

三、背部

背部主要肌肉有斜方肌、菱形肌、背阔肌、大圆肌、骶脊肌等。强壮有力的背部是健美的象征。斜方肌能使肩胛骨上提，向下、向上转动和内收，能使头和脊柱伸直，在儿童、少年成长时期发展此肌可以预防和矫正驼背；背阔肌在腰上部，是人体最大的阔肌，发达的背阔肌使上肢呈现美丽的倒三角；而骶脊肌由于位于脊柱两侧，从骶骨到枕骨是一强大的脊柱伸肌，其技能是使头和脊柱伸直，使躯干侧屈。这部分肌肉得到发展对于防止弓腰驼背、矫正畸形，对于生产劳动和增加形体美，均有重要的意义，因此，我们应该重视背部肌肉的锻炼。

1. 高滑轮下拉

宽握距，吸气将横杠向下拉至颈后（或颈前上胸部），稍停，然后呼气，沿原路返回。（图 4–25、图 4–26）

图 4–25　　图 4–26

2. 水平拉背

坐在水平拉背器上，双脚蹬住踏板，双手握住拉把将配重拉起少许，两臂伸直，钢丝绳呈水平状；拉引钢丝绳至腹部，上体呈挺胸塌腰姿势，前送时上体有两种选择，一是挺胸塌腰，二是含胸弓背。两种都可以，含胸弓背的特点是背部肌肉拉得更长，拉起后必须是挺胸塌腰姿势。（图 4–27、图 4–28）

图 4–27

图 4–28

3. 低滑轮拉背

浅蹲挺胸塌腰，稍前倾，双手握住拉把将配重拉起少许，两臂伸直，钢丝绳呈下斜状；拉引钢丝绳至腹部，前送时要慢，上体保持不动。（图 4–29、图 4–30）

图 4–29

图 4–30

4. 俯卧拉背

俯卧在爬拉凳上，拉起杠铃至小腹下方。（图 4–31、图 4–32）

图 4–31

图 4–32

5. 俯身划船

两脚开立与肩同宽，体前屈，微屈膝，挺胸塌腰，上体和地面呈 45°，双手正握杠铃杆，双手的握距比肩稍宽，然后将双臂伸直；利用背部肌肉力量拉起杠铃，直到可以碰到小腹部；稍停一下，然后缓缓还原杠铃。（图 4–33、图 4–34）

要领：在动作过程中不要抬起上体，在动作的顶点，收缩双肩并挤压，使背阔肌完全收缩，以此来打造肌肉的厚度。

6. 引体向上

分为颈后和胸前两种。（图略）

图 4–33

图 4–34

7. 直腿硬拉

两脚开立比肩稍宽，双手提铃至髋前直立，收缩腰背肌肉，直背体前屈至 80°，而后抬起上体，将杠铃拉起到挺髋站立，收紧骶棘肌。（图 4–35、图 4–36）

图 4–35

图 4–36

要领：不得弓腰，两腿和两臂始终伸直，重量要适当，动作匀速不可太猛。

8. 单臂划船

单腿跪于凳子上，一手支撑，另一手握哑铃，屈臂上提。(图 4–37、图 4–38)

图 4–37

图 4–38

要领：动作匀速，下放要慢，拉到腰髂部位，左右手轮流练习。

第二节　腹、臂、腿部的练习方法

一、腹部

腹部肌群位于骨盆与胸腔之间，主要有腹直肌、腹外斜肌、腹内斜肌和腹横肌等。其主要机能是使躯干前屈、侧屈、旋转和骨盆后倾；此外，还能对腹腔器官产生压力。腹部扁平、垒块分明，是青年男性追求的目标。

1. 仰卧起坐转体

仰卧位，固定双脚，收缩腹肌力量，使上体向上坐起，尽力将头靠近膝部，然后依原路慢慢仰卧还原。还可向上坐起约20°~30°，静止2秒钟后重复练习。随着腹肌力量增大，可负重进行练习，动作要平稳、缓慢、充分。（图4–39、图4–40）

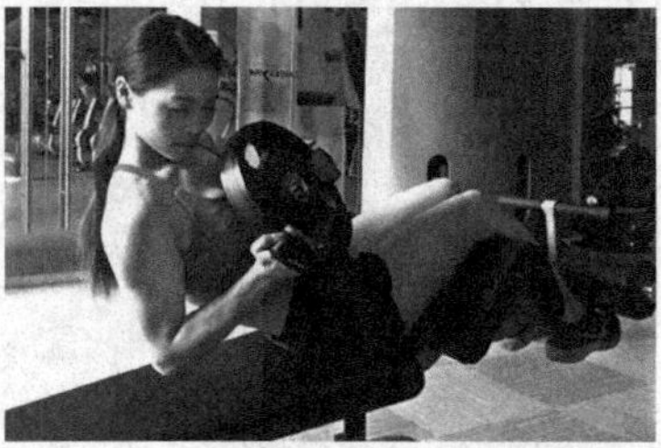

图4–39

图4–40

要领：腹直肌发力。

2. 坐姿屈膝收腹

坐在条凳一端，叠加小腿，上体后仰保持不动，双手在体后扶凳，收缩腹直肌使膝关节靠近胸部，小腿面尽量保持水平。（图4–41、图4–42）

图4–41

图4–42

3. 两头起直角坐

仰卧在垫子上，两臂于头上伸直，两腿并拢，以腹肌之力将上体和双腿同时抬起。膝关节尽量伸直，加深对腹肌的刺激，此动作既练腹肌上部也练腹肌下部。（图 4–43、图 4–44）

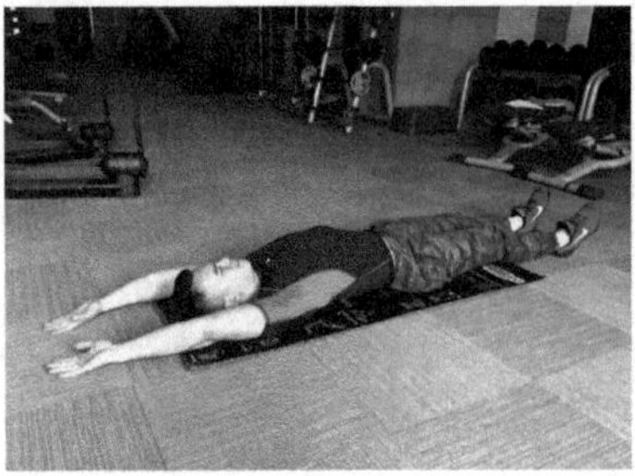

图 4–43

图 4–44

要领：支撑点在臀部。

4. 高脚位腹肌

仰卧，将两小腿搁在凳上，大小腿夹角约 90°，两手抱头起坐，往复进行，臀部尽量靠近凳边，下颌收紧，两腿尽量放松，不要借力。（图略）

5. 元宝收腹

平卧于长凳上，抱头，双腿并拢，或叠加小腿，屈膝收腿与抱头卷腹同步缓慢进行，在脐上肘膝相触，稍停呈金元宝状，缓慢打开。（图 4–45、图 4–46）

要领：支撑点在背上，打开要慢。

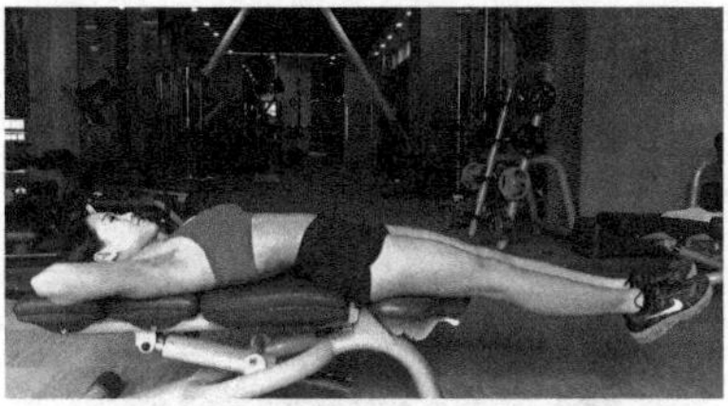

图 4–45

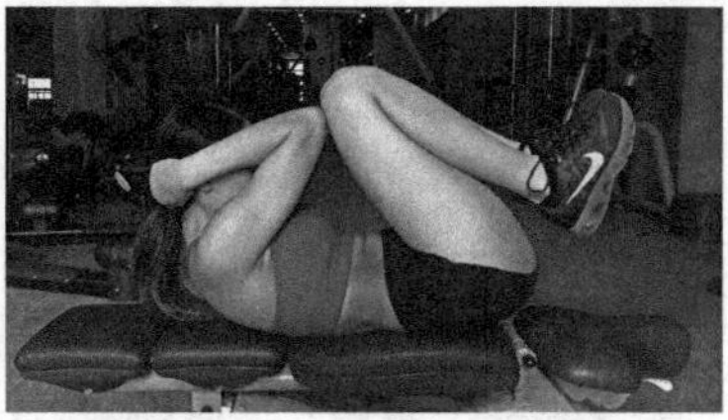

图 4–46

6. 仰卧举腿

仰卧在长凳上，双手肩上抓凳两侧，直腿或稍屈腿举至与地面垂直，稍停，双腿下落到水平位，重复。也可增加难度，当双腿与地面垂直时将臀部挺起离开凳面，双脚探向空中，这个动作会增强对下腹的刺激。（图 4–47、图 4–48）

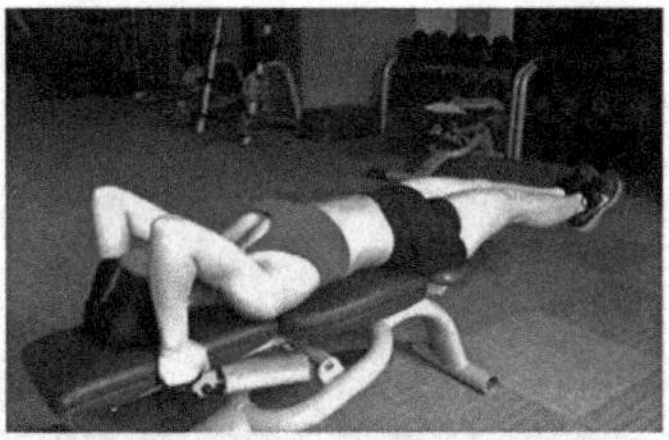

图 4–47

图 4–48

7. 持重体侧屈

单手持重物站立，对侧手抱头，肘部打开，向持重物的方向体侧屈，尽可能到达最低点；再缓慢拉起使身体回归直立位稍过一些，一侧练完后换另一侧。（图 4–49、图 4–50）

图 4–49

图 4–50

8. 持重转体

坐在长凳上，固定双脚，双手持铃片于胸前，从一侧扭腰转体到另一侧，不要移动臀部位置（也可以上体后仰进行）。（图 4–51、图 4–52）

图 4–51

图 4–52

二、臂部

臂部分上臂和前臂，上臂肌肉有肱二头肌、肱肌和肱三头肌；前臂有前臂伸肌群和前臂屈肌群等。

1. 肱二头肌的练习方法

(1) 立姿弯举

身体直立，两手同肩宽，反握杠铃，放于大腿前，屈臂将杠铃举至胸前，使肱二头肌充分收缩，稍停，然后慢慢放下。该动作也可以正握杠铃，这时肱肌收缩相对显著。（图 4–53、图 4–54）

图 4–53

图 4–54

要领：上举杠铃时不要扣腕，两上臂紧靠体侧，与地面垂直，上举时不要摆动借力或耸肩。

(2) 内弯举

坐在矮凳上或下蹲，两膝打开，一手持铃，另一手支撑在同侧膝上，膝内侧抵住持铃手肘部，使练习手上臂固定，收缩肱二头肌向内侧弯举，重点发展肱二头肌短头。（图 4–55、图 4–56）

图 4–55

图 4–56

(3) 哑铃弯举

两手各持一哑铃放于体侧，屈臂将哑铃举起，腕与前臂平直，前臂与上臂尽量靠拢，稍停，然后慢慢放下哑铃至两臂完全伸直。上体保持正直，不要借力完成动作，哑铃放下不要向后摆动。（图略）

(4) 斜托弯举

手臂置于斜托板上，双手持杠铃以肘关节为轴弯起前臂，直至最佳收缩角度，停留 1~2 秒，还原。（图 4–57、图 4–58）

要领：该动作强调前半程用力。

图 4–57

图 4–58

(5) 俯坐弯举

坐在凳上，上体前俯 45°，持哑铃的手臂在同侧大腿外侧，弯起前臂并可边弯起边向外旋腕，至最佳收缩角度，停留 1~2 秒，还原。（图 4–59、图 4–60）

图 4–59

图 4–60

要领：动作过程中上体保持前俯，该动作强调后半程用力。

(6) 低滑轮拉力器弯举

直立，双手持拉力器手柄，肱二头肌收缩，牵引拉力器，至“顶峰收缩”时稍停，慢慢还原。（图略）

(7) 反握引体向上

反握单杠，手心朝向身体，双手间距略窄于肩宽，手臂伸直，缓缓屈肘，将身体向上拉起，直到下巴高于单杠，稍停顿后慢慢放下，直到手臂伸直。（图略）

2. 肱三头肌练习

肱三头肌位于上臂后面，是上肢主要的伸肌，其主要机能是伸前臂。肱三头肌和肱二头肌是对抗肌，作用相反。

(1) 颈后臂屈伸

身体自然直立，两手正握、反握或合握器械举至头上，上臂贴近两耳竖直不摇动。屈前臂向后弯大约 90°，然后收缩肱三头肌伸直肘关节，使前臂向上举起直至臂接近伸直，稍停后再屈肘做第二次练习。伸前臂时要集中意念，收缩三头肌上臂勿摆动，肘不可下移或向外分开过大。也可用单手哑铃臂屈伸。（图 4–61、图 4–62）

(2) 重锤下压

胸前屈肘持高滑轮拉力器，略含胸收腹，两腿微屈，上臂于体前保持不动，收缩肱三头肌和前臂用力下压使臂基本伸直稍停，然后再慢慢屈肘还原。（图 4–63、图 4–64）

(3) 仰卧杠铃臂屈伸

平躺在长凳上，双手窄握曲柄杠铃，两臂伸直，保持与肩同宽的位置并且垂直于身体；动作开始时吸气，此时上臂

图 4-61

图 4-62

图 4-63

图 4-64

不动，弯曲肘关节，使前臂缓慢向头部上方下落，到离额头两厘米的位置时，用肱三头肌的力量将前臂挺直，同时呼气，手臂再次垂直于身体时，停顿 1 秒钟后再次下落，反复。(图 4-65、图 4-66)

图 4-65

图 4-66

(4) 俯身臂屈伸

俯立上体小于 45°，屈肘持铃，上体保持不动，上臂贴紧体侧，持铃手向后上方举起直至手臂完全伸直，慢慢还原。(图 4-67、图 4-68)

图 4-67

图 4-68

3. 肱肌练习

肱肌位于上臂前侧面，肱二头肌在浅层，肱肌在深层。它的主要机能是使前臂在肘关节处屈和旋外，肱肌发达了，能增加上臂健美感。

对握哑铃弯举

直立两手握铃，手心相对，两臂直垂于身旁，弯起前臂时到可能的最高点。收缩肱肌一秒钟，慢慢伸展前臂下降到原位。练习时肘部不要前后摆动，弯起前臂时吸气，慢慢下放时呼气。（图 4–69）

图 4–69

另外，正握（手心向下）弯举和正握引体向上也可以锻炼肱肌。

4. 发展前臂肌群的练习方法

前臂肌群主要包括前臂伸肌和前臂屈肌，其结构复杂、细小、多样。它的功能主要是屈手和伸手。屈手肌群位于前臂掌侧面，伸手肌群位于前臂背侧面，这些肌肉虽小，但日常生活和运动中离不开它。

(1) 正反握腕弯举

坐位，前臂平放于托板或大腿面上，手腕下垂，手心向下（或向上）；收缩前臂伸肌（前臂屈肌），手向上弯起，至“顶峰收缩”稍停，慢慢还原。（图 4–70）

图 4–70

(2) 哑铃旋腕

蹲坐位，前臂平放大腿面上，单手正、反握哑铃，做中速旋腕动作。（图略）

(3) 卷绳

身体直立，两手正握一根圆木棒，圆木中间拴一条绳，绳下系铃片，两臂前平举，手腕旋动木棒，直至铃片被卷到圆木，然后手腕做反向运动，使铃片回到原来位置。（图略）

三、腿部

腿部主要是大腿前面的股四头肌、缝匠肌，大腿后面有股二头肌、腘绳肌，小腿的比目鱼肌、腓肠肌等肌群。

1. 杠铃深蹲

此练习可采用不同的站宽，脚内扣或外展以及采用不同的深度和动作速度。

以后深蹲为例，两脚开立约与肩宽，肩扛杠铃挺胸收腹站

稳，屈膝下蹲，当大腿与地面平行或稍低时，停一秒钟，收缩股四头肌和臀大肌等伸腿起立。（图 4–71、图 4–72）

图 4–71

图 4–72

要领：下蹲要稳，挺胸塌腰，上体不可含胸前倾或弓背，脚跟稍垫高。不主张起立时跳起，这样容易受伤。

2. 半静蹲

动作近似后蹲，只是屈膝下蹲到大腿接近水平位置时保持不动，停 6~12 秒，然后起立。（图略）

3. 半蹲跳

屈膝半蹲，起立时跳起，落地屈膝缓冲为半蹲状，再跳起，重复。整个动作没有直立过程。（图 4–73、图 4–74）

图 4–73

图 4–74

4. 挺髋蹲

具体动作见图 4–75、图 4–76。

图 4–75

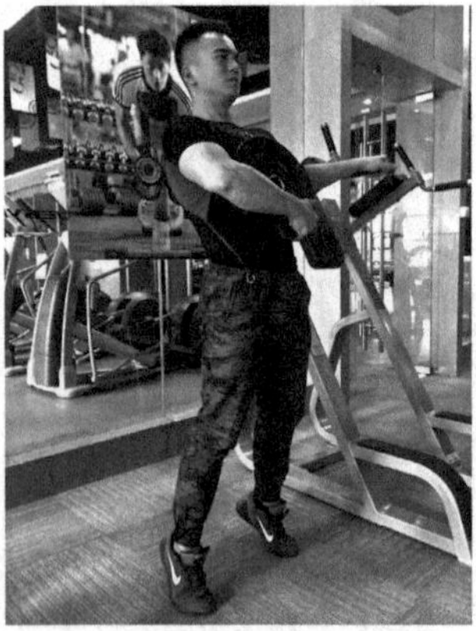

图 4–76

5. 坐姿腿屈伸

坐在专用器械上，以膝关节为轴，做小腿伸和屈的动作；伸直时尽力收缩股四头肌，稍停 2 秒，也可在顶峰收缩时做大腿旋外、旋内、再旋外的动作，这样可以提高大腿的分离度。向内收的器械可以练习股二头肌。（图 4–77、图 4–78）

图 4–77

图 4–78

6. 俯卧腿弯举

俯卧在专用器械上，以膝关节为轴，做小腿屈和伸的动作；屈小腿时尽力收缩股二头肌和腘绳肌群，至顶峰收缩时稍停 2 秒，慢速还原。（图略）

7. 箭步蹲走

肩负杠铃箭步蹲，向下振一次，抬后腿向前迈进做箭步蹲，再向下振一次，继续前行。（图 4–79、图 4–80）

图 4–79

图 4–80

8. 负重提踵

肩负杠铃，前脚掌踩在一个稳定的垫木上，直膝提踵（提起脚后跟），发展小腿腓肠肌和比目鱼肌。

因为健身俱乐部内器械较多，功能各异，教练员应根据器械说明书使用，并根据器械的特点和肌肉的生理功能发掘和设计出更多的练习动作来，做到物有所值、物为我用。

第五章　体重控制与减肥

体重是反应和衡量一个人健康状况的重要标志之一。身体超重或体重不足都不利于身体健康发展，人体内保持适量的脂肪是非常重要的，它直接影响机体的新陈代谢。

第一节　体重与肥胖

一、体重

体重是一个人健康状况的重要标志，过胖和过瘦都不利于健康，也不会给人以健美感。不同体型的大量统计材料表明，反映正常体重较理想和简单的指标，可用身高和体重的关系来表示。

1. 标准体重

标准体重是以身高为基准的体重，是评价体型的重要指标。

成年人常用计算方法

方法一：国内不少资料认为较简便的方法是借用布罗科（Broca）指数计算标准体重。

标准体重（公斤）=［身长（厘米）－100］×0.9

身高不足 150 厘米者，标准体重（公斤）=身长（厘米）–100

方法二：国内常用的另一种较简便的计算方法。

男性：身高（厘米）– 105 = 标准体重（公斤）

女性：身高（厘米）– 110 = 标准体重（公斤）

方法三：世界卫生组织推荐的计算方法。

男性：［身高（厘米）– 80］×70%= 标准体重（公斤）

女性：［身高（厘米）– 70］×60%= 标准体重（公斤）

2. 超重

超重是指体重超过标准体重，通过标准体重可以评价身体是否超重，其公式为：

超重度%=（实际体重–标准体重）÷标准体重×100%

一般认为其值为±10%为正常体重，>10%为超重，>20%为轻度超重，>30%为中度超重，>50%为重度超重。

体重超过标准体重并非就是肥胖，如举重、健美、投掷等项目运动员，肌肉发达，其体重超重往往是瘦体重增加而非脂肪过多所致，因此，评价肥胖应该是检验测试者的体脂含量。

3. 理想体重

理想体重即指符合体脂百分比标准的体重。一般标准体脂百分比，男性为 15%，女性为 20%，在这两个界限之间（低于 10%至高于 20%）对健康才是有利的，在测得一个人的体脂百分比后，可根据标准体脂百分比计算理想体重。计算公式为：

理想体重=实际体重–［（实测体脂%–标准体脂%）×实际体重］

例：一位身高 170 厘米、体重 72 公斤的男青年，体脂为

20%，标准体脂为 15%，其理想体重=72-［(20%-15%)×72］=68.4（公斤）。

二、肥胖

1. 肥胖的概念

从营养学角度看，肥胖是营养过剩的表现，是由于能量的供给大于能量的消耗，作为机体燃料的脂肪在体内过剩而储存起来的一种状态。从医学角度看，肥胖是脂肪细胞数量增加和脂肪细胞中脂肪储存过剩，身体脂肪过度增多，体重超过正常值的 20%以上，并对健康造成了严重的危害的一种超体重状态。

2. 肥胖的判断方法

关于肥胖的界定，世界卫生组织（WHO）提出了身高相应标准体重法评价标准，详见表 5-1。

表 5-1 身高相应标准体重法评价标准

肥胖程度分类	肥胖度数值
超重	10%~<20%
轻度肥胖	20%~<30%
中度肥胖	30%~<50%
重度肥胖	>50%
偏瘦	<10%
消瘦	<20%

(1) 肥胖度判断法：

肥胖度=［实际体重（kg）-按身高计算的标准体重（kg）］÷按身高计算的标准体重（kg）×100%

(2) 体重指数（BMI）法

目前常用的体重指数（bodymassindex）简称BMI，又译为体质指数。它是一种计算身高体重（weightforheight）的指数。具体计算方法是以体重（公斤）除以身高（米）的平方，即BMI=体重/身高^2（kg/m^2）。研究表明，大多数个体的体重指数与身体脂肪的百分含量有明显的相关性，能较好地反映机体的肥胖程度。

世界卫生组织（WHO）发布的亚洲地区肥胖标准：BMI<185为低体重，BMI为185~229为正常体重，BMI≥23为超重，BMI>25为肥胖。

我国视BMI<20为偏瘦，20<BMI<24为正常体重，24<BMI<265为偏胖，BMI>265为肥胖。

用此方法估计体脂%公式为：

男性体脂%=1215×BMI-1013 女性体脂%=148×BMI-7

根据BMI推测的体脂%与水下称重法所得的结果有较好的相关性，适用于体格发育基本稳定以后（18岁以后）的成人。

(3) 身体成分（体脂%）测量法

身体成分：人体成分可以概括的分为脂肪和瘦体重两个部分。体重就是由脂肪重量和瘦体重组成的重量。瘦体重指肌肉、内脏、骨骼等器官组织的重量。除肌肉组织外，其他组织器官的重量变化很小，所以瘦体重变化可以反映肌肉重量的变化。通常用体脂和体重的百分比（体脂%）来表示身体成分。根据国内外的判断标准，男性成人体脂百分数>15%~20%，女性成人体脂百分数>25%~30%即视为肥胖。

身体成分测定的手段比较多。常见的有密度法（水下称重法）、皮褶厚度测量法、生物电阻抗法以及腰臀围比等方法。

三、发生肥胖的原因

1. 遗传因素

肥胖常与遗传有关。据统计，双亲体重正常其子女肥胖发生率为10%，双亲中一人肥胖，子女肥胖发病率为50%；双亲均肥胖，子女肥胖发病率高达70%。同卵孪生儿在同一环境成长，其体重近似；即使在不同环境成长，其体重差别也小于异卵孪生子之间的差别。肥胖患者不但肥胖具有遗传性，而且脂肪分布的部位及骨骼状态也有遗传性。肥胖的遗传倾向还表现在脂肪细胞数目和细胞体积的增大上。

2. 饮食、生活习惯及社会环境因素

肥胖者往往有热量过剩、运动不足的情况。肥胖者食量较大，喜食甜食或每餐中间加食引起能量过剩。在同等热量情况下，有睡前进食及晚餐多食的习惯。体力活动过少或因骨折、结核、肝炎或其他原因而卧床休息，热量消耗少而引起肥胖。尤其人到中年以后，基础代谢降低，体力劳动量逐渐减少，脂肪常常蕴存在腹部与臀部。大部分人停止有规律的运动以后发展成肥胖。此外肥胖者的能量消耗与正常人有明显差别，休息及轻微活动时动用能量较正常人少；同样饮食情况下合成代谢较正常人亢进；基础代谢率相对较低，造成能量消耗较少，引起肥胖。

社会环境改变和肥胖发生有一定关系。50年前，由于生活水平低，肥胖发生率很低。时下，随着生活改善，肥胖发生

率急剧增加。家庭教育与儿童肥胖有关。研究发现独生子女或一家中最小子女容易肥胖。主要原因是错误认为婴儿喂养越胖越好，小孩从哺乳期就营养过度；过分溺爱，养成不良习惯，如零食尤其是糖果甜食太多；不必要的营养药物刺激食欲，增大食量；缺乏必要的体育锻炼。现已公认儿童营养过度是造成儿童及成年后肥胖的主要原因。

3. 下丘脑与高级神经活动

饱食中枢位于下丘脑腹内侧核，摄食中枢位于下丘脑腹外侧核，它们之间有神经纤维联系，在功能上相互调节、相互制约。动物实验证明，这两个中枢受机体内糖、脂肪及氨基酸的影响。所以当下丘脑病变或体内某些代谢改变时可影响食欲中枢发生多食，产生肥胖，这是下丘脑综合征的主要原因。单纯性肥胖时多认为下丘脑有功能性改变。

4. 内分泌因素

除下丘脑因素外，体内其他内分泌激素紊乱也可引起肥胖。其中胰岛素变化被公认为肥胖发病机制中最关键的一环，其次为肾上腺皮质激素的变化。

⑴ 胰岛素

胰岛素是胰岛 β 细胞分泌的激素。其功能是促进肝细胞糖元合成，抑制糖异生；促进脂肪细胞摄取葡萄糖合成脂肪，抑制脂肪分解。后两个作用在肥胖症发病机制中特别重要。肥胖症者胰岛素分泌特点为：①空腹基础值高于正常或正常高水平；②口服葡萄糖耐量试验过程中，随血糖升高，血浆胰岛素更进一步升高；③血浆胰岛素高峰往往迟于血糖高峰，故在餐后 3~4 小时可出现低血糖反应。近年还发现肥胖病人胰岛素受体数量及亲和力均降低，存在胰岛素不敏感性和抵抗性。由于存在胰岛素不敏感和抵抗，为满足糖代谢需要，胰岛素必须维持在高水平，而高胰岛素血症对脂肪细胞和脂肪代谢来说，会使脂肪合成增加，分解减少，使肥胖进一步发展。肥胖症者体重减轻至正常后，血浆胰岛素水平及胰岛素受体可恢复正常，表明这种改变是继发性的。

(2) 肾上腺糖皮质激素

肾上腺糖皮质激素是肾上腺皮质束状带分泌的激素，在人体中主要为皮质醇。单纯性肥胖者可有一定程度的肾上腺皮质功能亢进，血浆皮质醇正常或升高；而在继发性肥胖中，柯兴综合症血浆皮质醇明显增高。由于血浆皮质醇增高，血糖升高，引起胰岛素升高，后者导致脂肪合成过多，形成肥胖。由于躯干及四肢脂肪组织对胰岛素和皮质醇反应性不同，故呈向心性肥胖。

(3) 生长激素

生长激素是垂体前叶分泌的一种蛋白质激素，具有促进蛋白质合成、动员储存脂肪及抗胰岛素作用，但在作用的初期，还表现为胰岛素样的作用。生长激素与胰岛素在糖代谢的调节中存在着相互拮抗作用。如果生长激素降低，胰岛素作用相对占优势，可使脂肪合成增多，造成肥胖。现已证实肥胖病人生长激素基础水平降低以及精氨酸、低血糖、饥饿和体育活动等刺激条件下分泌反应也是低水平的，结果在饥饿和体育活动时大量能量就不靠脂肪分解。如禁食 2 天，正常人血浆生长激素从 10 微克/升上升到 15 微/升，而肥胖者从 2 微克/升上升至 5 微克/升。这种变化会随着肥胖消失而恢复正常。

(4) 甲状腺激素

甲状腺激素与肥胖症的关系尚不明确。肥胖者一般不存在甲状腺功能异常，即使肥胖者基础代谢率可能比正常人稍低，也不代表甲状腺功能低下。偶见两者合并存在。

(5) 性腺激素

男性激素主要为睾丸酮，90%以上由睾丸合成和分泌。在女性可由卵巢、肾上腺皮质合成和分泌少许。雌激素和孕激素，主要由卵巢合成和分泌。性激素本身并不直接作用于脂肪代谢。

女性机体脂肪量多于男性，女性机体脂肪所占百分率明显高于男性，皮下脂肪除个别部位外，一般比男性相应部位厚度增加一倍。在妇女妊娠期、绝经期、男性或雄性家畜去势后均可出现肥胖，但其机制尚不清楚。有认为绝经期肥胖与垂体促性腺激素分泌过多有关。动物去势后胰岛增生肥大，胰岛素分泌增多，促进脂肪合成。除少数性腺功能有低下性肥胖外，一般肥胖者不存在性激素分泌紊乱。

(6) 胰高血糖素

胰高血糖素由胰岛 α 细胞分泌，其作用和胰岛素相反，抑制脂肪合成。肥胖病人胰高血糖素是否有紊乱，有待研究。

(7) 儿茶酚胺

儿茶酚胺是由脑、交感神经末梢、嗜铬组织和肾上腺髓质生成的，能促进脂肪分解，大脑皮层通过儿茶酚胺及 5 羟色胺调节下丘脑功能，交感神经通过儿茶酚胺调节胰岛素分泌。肥胖病人脂肪组织对儿茶酚胺类激素作用不敏感，但体重减轻后可恢复正常。

四、肥胖的类型

1. 单纯性肥胖

单纯性肥胖（又称原发性肥胖）是各类肥胖中最常见的一种，约占肥胖人群的 95%左右。这类患者全身脂肪分布比例均匀，没有内分泌性疾病，也没有代谢性疾病。这种主要由遗传因素及营养过剩引起的肥胖，称为单纯性肥胖。单纯性肥胖又分为体质性肥胖和过食性肥胖两种。体质性肥胖，即双亲肥胖，是由于遗传和机体脂肪细胞数目增多而造成的，也与25岁以前的营养过度有关系。这类人的物质代谢过程比较慢、比较低，合成代谢超过分解代谢；过食性肥胖也称为获得性肥胖，是由于人成年后有意识或无意识地过度饮食，使摄入的热量大大超过身体生长和活动的需要，多余的热量转化为脂肪，促进脂肪细胞肥大与细胞数目增加，脂肪大量堆积而导致肥胖。

2. 继发性肥胖

继发性肥胖（又称病理性肥胖），约占肥胖人群的2%~5%左右。是内分泌紊乱或代谢障碍引起的一种疾病，常继发于脑炎、脑膜炎、垂体疾病、肾上腺皮质功能亢进、甲状腺功能低下、胰岛素分泌过多等。虽然同样具有体内脂肪沉积过多的特征，但仍然以原发性疾病的临床症状为主要表现，肥胖只是这类患者的重要症状之一。

3. 药源性肥胖

临床上有时为了治疗疾病的需要，医生可能会给患者长期使用某些药物，如果使用时稍有不慎很容易导致患者发生药源性肥胖。临床上最常见的就是，长期使用肾上腺皮质激素类药物（如泼尼松、地塞米松），为患者治疗支气管哮喘或类风湿性关节炎。按道理说，当患者停止使用这类药物后，肥胖应该会逐渐消失。但遗憾的是，许多这类患者停药后竟然发展成为“顽固性肥胖”。也有人将药源性肥胖归入继发性肥胖的范围。

五、肥胖的危害

肥胖与人体的健康有着密切的关系，肥胖是导致心血管系统疾病的直接原因之一。它可以引起血胆固醇、甘油三脂浓度上升，高密度脂蛋白浓度下降；引起高血压和非胰岛素依赖型糖尿病（80%的糖尿病患者体重都超重）；肥胖还可导致肾功能异常；肥胖者由于胸腔扩张阻力加大而出现某些呼吸疾病；肥胖者患某些癌症的可能性也加大，如绝经后肥胖妇女患子宫内膜癌的概率为正常妇女的5倍；肥胖还会造成各种心理障碍。肥胖者不仅易患某些疾病，且患病后死亡率也较高，尤其是非胰岛素依赖型糖尿病的患者，男患者体重为标准体重的140%或更重时，死亡率为标准体重男患者的52倍，女性则可达79倍。

第二节　运动与减肥

一、体育锻炼机理

人体摄入的食物经过消化吸收后，变为葡萄糖、氨基酸、甘油等进入血液。这些物质通过代谢后转变为能量，作为提供机体活动所需要的能量，我们在生活、劳动、工作时需要肌肉收缩，大脑工作、内脏器官的活动等都要有能量供应。多余的部分主要以脂肪形式贮存在肝脏、皮下及其他组织内。如果摄入过多，或消耗减少时，就可以发生单纯性肥胖，那么控制饮食、多活动及运动就是反其道而行之的减肥办法。

体育锻炼、运动疗法之所以能达到减肥的目的，其主要的机理有下列几方面：

①通过肌肉运动调节代谢功能，促进脂肪氧化分解。肌肉运动需要大量能量，短时间的运动由糖燃烧来提供能量，较长时间运动由脂肪燃烧来提供能量。所以减肥要运动，且要较长时间的运动，才能促进脂肪代谢，减少体内脂肪贮存量，从而减轻体重。

②在运动中肌肉会加强对血液内游离脂肪酸的摄取及利用，而血液则从脂肪细胞加快释放游离脂肪酸来获得补充，其结果是使体内脂肪消耗，体重下降。

③肌肉运动还能增加血液内葡萄糖的利用率，防止多余的糖转化成脂肪，这样就减少了脂肪的形成。体内脂肪减少以后，脂肪在心脏、血管、肝脏等器官的沉积亦可减少，因而可避免因肥胖、脂肪过多沉积而引起这些器官的合并症。

④运动作用于神经和体液系统，肾上腺素、去甲肾上腺素增加，可提高脂蛋白酯酶活力，促进脂肪分解利用，游离脂肪酸增加，降低胆固醇、甘油三酯等脂类物质，减少脂肪沉积在实质器官。同时由于运动时胰岛素分泌下降，可防止糖向脂肪转化，减少了脂肪的形成。

⑤有一部分肥胖病人心功能及肺功能不全，运动可加强心脏收缩力量，改善心功能，增加血管的弹性。肌肉运动还可以改善外周血液向心脏的回流，改善心脏对体力活动的适应能力。运动尤其是呼吸运动能增加胸廓及膈肌的活动度，加深呼吸，增加肺活量，改善呼吸功能。

二、运动处方

运动处方的内容应包括运动种类、运动强度、运动时间、运动频率、运动进度及注意事项等。

1. 运动处方的运动种类

运动处方的运动种类可分为三类，即耐力性（有氧）运动、力量性运动及伸展运动与健身操。人体运动是需要能量的，如果能量来自细胞内的有氧代谢（氧化反应），就是有氧运动；但若能量来自无氧酵解，就是无氧运动。轻微的运动也是有氧运动，但它因刺激太弱而达不到锻炼的目的。只有达到一定强度的有氧运动，才能锻炼心肺循环功能，提高人的体力、耐力和新陈代谢潜在能力，才是最有价值的运动。也就是说，有氧运动在达到或接近它的上限时，才最具有意义。

⑴ 耐力性（有氧）运动

耐力性（有氧）运动是运动处方中最主要和最基本的运动手段。在治疗性运动处方和预防性运动处方中，主要用于心血管、呼吸、内分泌等系统的慢性疾病的康复和预防，以改善和提高心血管、呼吸、内分泌等系统的功能。在健身、健美运动处方中，耐力性（有氧）运动是保持全面身心健康、保持理想体重的有效运动方式。

有氧运动的项目有：快走、慢跑、走跑交替、上下楼梯、游泳、自行车、功率自行车、步行车、跑台、跳绳、划船、滑水、滑雪、球类运动等。

⑵ 力量性运动

力量性运动在运动处方中，主要用于运动系统、神经系统等肌肉、神经麻痹或关节功能障碍的患者，以恢复肌肉力量和肢体活动功能为主。在矫正畸形和预防肌力平衡被破坏所致的慢性疾病患者的康复中，通过有选择地增强肌肉力量，调整肌力平衡，从而改善躯干和肢体的形态和功能。

力量性运动根据其特点可分为：电刺激疗法（通过电刺激，增强肌力，改善肌肉的神经控制）、被动运动、助力运动、免负荷运动（即在减除肢体重力负荷的情况下进行主动运动，如在水中运动）、主动运动、抗阻运动等。抗阻运动包括：等张练习、等长练习、等动练习和短促最大练习（即等长练习与等张练习结合的训练方法）等。

(3) 伸展运动和健身操

伸展运动及健身操较广泛地应用在治疗、预防和健身、健美各类运动处方中，主要的作用有放松精神、消除疲劳，改善体型，防治高血压、神经衰弱等疾病。

伸展运动及健身操的项目主要有：太极拳、广场舞、保健气功、五禽戏、广播体操、医疗体操、矫正体操等。

2. 运动处方的运动强度

(1) 耐力性（有氧）运动的运动强度

运动强度是运动处方的核心及设计运动处方中最困难的部分，需要有适当的监测来确定运动强度是否适宜。运动强度是指单位时间内的运动量，即：运动强度=运动量/运动时间。而运动量是运动强度和运动时间的乘积，即：运动量=运动强度×运动时间。运动强度可根据最大吸氧量的百分数、代谢当量、心率、自觉疲劳程度等来确定。

①最大吸氧量的百分数：在运动处方中常用最大吸氧量的百分数来表示运动强度，50%~70%VO^{2}max 的运动是有危险的。

②代谢当量：代谢当量（MET）是指运动时代谢率对安静时代谢率的倍数。1MET 是指每公斤从事 1 分钟活动消耗 3.5 毫升的氧，其活动强度称为 1MET［MET=3.5mL/(kg·min)］。1MET 的活动强度相当于健康成人坐位安静代谢的水平。任何

人从事任何强度的活动时，都可测出其吸氧量，从而计算出MWN数，用于表示其运动强度。在制订运动处方时，如已测出某人的适宜运动强度相当于多少MET，即可找出相同MET的活动项目，写入运动处方。

③心率：除去环境、心理刺激、疾病等因素，心率与运动强度之间存在着线性关系。在运动处方实践中，一般来说达最大运动强度时的心率称为最大心率，达最大功能的60%~70%时的心率称为“靶心率”或称为“运动中的适宜心率”，日本称为“目标心率”，是指能获得最佳效果并能确保安全的运动心率。为精确地确定各个病人的适宜心率，需做运动负荷试验，测定运动中可以达到的最大心率或做症状限制性运动试验以确定最大心率，该心率的70%~85%为运动的适宜心率。用靶心率控制运动强度是简便易懂的主法，具体推算的方法有：

第一，公式推算法：以最大心率的65%~85%为靶心率，即：靶心率=（220–年龄）×65%（或85%）。年龄在50岁以上，有慢性病史的，可用：靶心率=170–年龄；经常参加体育锻炼的人可用：靶心率=180–年龄。

例如：年龄为40岁的健康人，其最大运动心率为：220–40=180次/分钟，适宜运动心率为：下限为180×65%=117次/分钟，上限为180×85%=153次/分钟，即锻炼时心率在117~153次/分钟之间，表明运动强度适宜。

第二，耗氧量推算法：人体运动时的耗氧量、运动强度及心率有着密切的关系，可用耗氧量推算靶心率，以控制运动强度。大强度运动时相当于最大吸氧量的70%~80%（即：70%~80%VO^{2}max），运动时的心率为125~165次/分钟；中等强度运动相当于最大吸氧量的50%~60%（即50%~60%VO^{2}max），运动时的心率为110~135次/分钟；小强度运动相当于最大吸氧量的40%以下（即：小于 40%VO^{2}max），运动时的心率为 100~110 次/分钟。在实践中可采用按年龄预计的适宜心率，结合锻炼者的实践情况来规定适宜的运动强度。

④自感用力度：自感用力度是 Borg 根据运动者自我感觉疲劳程度来衡量相对运动强度的指标，是持续强度运动中体力水平可靠的指标，可用来评定运动强度；在修订运动处方时，可用来调节运动强度。自感用力度分级运动反应与心肺代谢的指标密切相关，如：吸氧量、心率、通气量、血乳酸等。

(2) 力量性运动的运动强度和运动量

①决定力量练习的运动量的因素：

A. 参加运动的肌群的大小：大肌肉群运动的运动量大，小肌肉群运动的运动量小。如：肢体远端小关节、单个关节运动的运动量较小；肢体近端大关节、多关节联合运动，躯干运动的运动量较大。

B. 运动的用力程度：负重、抗阻力运动的运动量较大，不负重运动的运动量较小。

C. 运动节奏：自然轻松的运动节奏其运动量较小，过快或过慢的运动节奏其运动量较大。

D. 运动的重复次类：重复次数多的运动量大。

E. 运动的姿势、位置：不同的运动姿势、位置对维持姿势和克服重力的要求不同，运动量也不同。

②力量练习的运动强度运动量：力量练习的运动强度以局部肌肉反应为准，而不是以心率等指标为准。

在等张练习或等动练习中，运动量由所抗阻力的大小和运动次数来决定。在等长练习中，运动量由所抗阻力和持续时间来决定。

在增强肌肉力量时，宜逐步增加阻力而不是增加重复次数或持续时间（即大负荷、少重复次数的练习）；在增强肌肉耐力时，宜逐步增加运动次数或持续时间（即中等负荷、多次重复的练习）。在康复体育中，一般较重视发展肌肉力量，而肌肉耐力可在日常生活活动中得到恢复。

(3) 伸展运动和健身操的运动强度及运动量

①有固定套路的伸展运动和健身操的运动量：有固定套路的伸展运动和健身操，如太极拳、广播操等，其运动量相对固定。如：太极拳的运动强度一般在4~5（代谢当量）(MET) 或相当于40%~50%的最大吸氧量，运动量较小。增加运动量可通过增加套路的重复次数或动作的幅度、架子的高低等来完成。

②一般的伸展运动和健身操的运动量可分为大、中、小三种。小运动量是指做四肢个别关节的简单运动、轻松的腹背肌运动等，运动间隙较多，一般为8~12节；中等运动量可做数个关节或肢体的联合动作，一般为14~20节；大运动量是以四肢及躯干大肌肉群的联合动作为主，可加负荷，有适当的间歇，一般在20节以上。

3. 运动处方的持续时间

(1) 耐力性（有氧）运动的运动时间

运动处方中的运动时间是指每次持续运动的时间。每次运动的持续时间为15~60分钟，一般需持续20~40分钟；其中达到适宜心率的时间需在15分钟以上。在计算间歇性运动的持续时间时，应扣除间歇时间。间歇运动的运动密度应视体力而定，体力差者运动密度较低，体力好者运动密度较高。

运动量由运动强度和运动时间共同决定（运动量=运动强度×运动时间），在总运动量确定时，运动强度较小则运动时间较长。前者适宜于年轻及体力较好者，后者适宜于老年及体力较弱者。年轻及体力较好者可由较高的运动强度开始锻炼，老年及体力较弱者可由低的运动强度开始锻炼。运动量由小到大，增加运动量时，先延长运动时间，再提高运动强度。

(2) 力量性运动的运动时间

力量性运动的运动时间主要是指每个练习动作的持续时间。如等长练习中肌肉收缩的维持时间一般认为 6 秒以上较好，做最大练习时负重伸膝后再维持 5~10 秒。在动力性练习中，完成一次练习所用时间实际上代表动作的速度。

(3) 伸展运动和健身操的运动时间

成套的伸展运动和健身操的运动时间一般较固定，而不成套的伸展运动和健身操的运动时间有较大差异。如：24 式太极拳的运动时间约为 4 分钟；42 式太极拳的运动时间约为 6 分钟；伸展运动或健身操的总运动时间由一套或一段伸展运动或操化运动时间的套数或节数来决定。

4. 运动处方的运动频率

(1) 耐力性（有氧）运动的运动频率

在运动处方中，运动频率常用每周的锻炼次数来表示。运动频率取决于运动强度和每次运动持续的时间。一般认为：每周锻炼 3~4 次，即隔一天锻炼一次，这种锻炼的效率最高。最低的运动频率为每周锻炼 2 次。运动频率更高时，锻炼的效率增加并不多，而有增加运动损伤的倾向。小运动量的耐力运动可每天进行。

(2) 力量性运动的运动频率

每日或隔日练习 1 次。

(3) 伸展运动和健身操的运动频率

一般为每日 1 次或每日 2 次。

5. 运动处方的运动进度

一般根据运动处方进行适量运动的人，经过一段时间的运动练习后（大概6~8星期左右），心肺功能应有所改善。这时，无论在运动强度和运动时间方面均应逐渐加强，所以运动处方应根据个人的进度而修改。在一般情况下，运动训练造成体能上的进展可分为三个阶段：初级阶段、进展阶段和保持阶段。

(1) 初级阶段

指刚刚开始实行定时有规律运动的时候。在这个阶段并不适宜进行长时间、多次数和幅度大的运动，因为肌肉在未适应运动就接受高度训练很容易受伤。所以，对大部分人来说，最适宜采取强度较低、时间较短和次数较少的运动处方。例如选择以慢跑作为练习的人，应该以每小时4公里的速度进行，而时间和次数应以自己的体能而调整，不过每次的运动时间不应少于15分钟。

(2) 进展阶段

指健身者经过初级阶段的运动练习后，心肺功能已有明显的改善，而改善的进度则因人而异。在这个阶段，一般人的运动强度都可以达到最大摄氧量的40%~85%，运动时间亦可每2~3周便加长一些。这个阶段是健身者体适能改善的明显期，一般长达4~5个月时间。

(3) 保持阶段

在训练计划大约进行了6个月之后出现。在这个阶段，健身者的心肺功能已达到满意的水平，而他们亦不愿意再增加运动量。只要保持这个阶段的训练，就可以确保体魄强健。这时，健身者亦可以考虑将较为刻板沉闷的运动训练改为一些较高趣味的运动，以避免因沉闷放弃继续运动。

6. 注意事项

(1) 耐力性（有氧）运动的注意事项

用耐力性（有氧）运动进行康复和治疗的疾病多为心血管、呼吸、代谢、内分泌等系统的慢性疾病，在按运动处方进行锻炼时，要根据各类疾病的病理生理特点、每个参加锻炼者的具体身体状况，提出有针对性的注意事项，以确保运动处方的有效原则和安全原则。一般的注意事项应包括以下几方面：

①运动的禁忌症或不宜进行运动的体征：在耐力性（有氧）运动处方中，应有针对性地提出运动禁忌症。如：心脏病人运动的禁忌症有：病情不稳定的心力衰竭和严重的心功能障碍；急性心包炎、心肌炎、心内膜炎；严重的心率失常；不稳定型、剧增型心绞痛，心肌梗塞后不稳定期；严重的高血压；不稳定的血管栓塞性疾病等。

②在运动中应停止运动的指征，在耐力性（有氧）运动处方中应指出须立即停止运动的指征，如心脏病人在运动中出现以下指征时应停止运动：运动时胸部不适；运动中无力、头晕、气短；运动中或运动后关节疼或背痛等。

③运动量的监控在耐力性（有氧）运动处方中，需对运动量的监控提出具体的要求，以保证运动处方的有效和安全。

④要求做充分的准备活动。

⑤明确运动疗法与其他临床治疗的配合如：糖尿病患者的运动疗法需与药物治疗饮食治疗相结合，以获得最佳的治疗效果。运动的时间应避开降糖药物血浓度达到高峰的时间，在运动前、中或后，可适当增加饮食，以避免出现低血糖等。

(2) 力量性运动的注意事项

①力量练习不应引起明显疼痛。

②力量练习前、后应做充分的准备活动及放松整理活动。

③运动时保持正确的身体姿势。

④必要时给予保护和帮助。

⑤注意肌肉等长收缩引起的血压升高反应及闭气用力时心血管的负荷增加。有轻度高血压、冠心病或其他心血管系统疾病的患者，应慎做力量练习；有较严重的心血管系统疾病的患者忌做力量练习。

⑥经常检修器械、设备，确保安全。

(3) 伸展运动和健身操的注意事项

①应根据动作的难度、幅度等，循序渐进、量力而行。

②指出某些疾病应谨慎采用的动作。如：高血压病患者、老年人等应不做或少做过分用力的动作及幅度较大的弯腰、低头等动作。

③运动中注意正确的呼吸方式和节奏。

三、减肥运动处方

减肥是一个长期的过程，选择一种积极向上的生活方式并终身坚持才是问题的关键。体育锻炼可以增加呼吸循环系统的能力，增强肌肉力量，强壮骨骼组织，提高身体的柔韧性，这些优点是任何一种饮食控制减肥法和药物减肥法都不能比拟的。

首先应该做医学检查；确定目标后制订运动处方及实施方案；注意饮食调整；减肥健体运动方式应以有氧运动为主；每次运动时，在开始时做好充分的准备活动，结束时做好整理活动；做好运动后的恢复工作。

以青年人减肥的运动处方为例：

运动项目：长跑、步行、游泳、划船、爬山、健美练习等，也可练习有氧体操，如健美操、迪斯科和球类运动等。

运动强度：一般运动强度可达本人最大吸氧量的 60%~70%，或最高心率的 70%~80%。

运动频率：由于青年肥胖者多有减肥的主观愿望，自觉性较强，为提高减肥效果，运动频率可适当增大，一般每周锻炼 4~5 次为宜。

运动时间：每次运动时间不少于 1 小时，持续时间可视减肥要求而定。晚饭前两小时运动最佳。

研究证实，人的体脂代谢是存在性别差异的。体重正常的男女进行同样的运动，男子体脂下降，而女子的体脂则没有明显的变化。对运动时的耗能量进行测定，可以看到，进行相同强度的运动时，女子的能耗较男子少 40%。另外，女子不同身体部位的脂肪代谢活跃程度不同，如腹部脂肪的脂蛋白脂酶较腿部的活性低，因而腹部脂肪较难减少，而机体内的甘油三酯主要储存在腹部。女子在不同生理周期中体内脂代谢的活性不同，哺乳期腿部及腹部的脂肪分解都较正常及怀孕期活跃。因此，在制订减肥运动处方时，要充分考虑到女性脂肪的代谢特点，运动方案要有针对性，才能达到理想的减肥功效。

美国运动医学院（ACSM，1990）推荐的肥胖妇女运动减肥的方法为：进行 60%~90%最大心率或 50%~85%最大摄氧量的强度，每周 3~5 次，每次 20~60 分钟的持续性有氧运动。

第六章　健身锻炼中的伤病防治

随着越来越多的人重视健身，不科学运动方式引起的运动受伤也越来越常见。据统计，医院急诊受伤患者中，因为运动受伤的占 7%~22%。其发生率与交通意外、工伤事故接近。运动损伤的部位按发病率高低排位为踝关节、腕关节、膝关节、腰部、手指等部位，后果严重的部位是颈腰椎损伤。运动创伤类型以关节韧带扭伤、肌肉拉伤和软组织挫伤为主，占 80%以上，骨折脱位占 1%，尽管不是所有的运动损伤都会危及生命安全或者导致残疾，但是积极预防和治疗运动损伤还是非常有必要的。

第一节　常见的生理现象及处理

由于运动，使人体生理活动过程的有序性受到暂时的破坏，从而常常出现某种生理反应，简称“生理运动反应”，常见的生理运动反应及处理办法有如下几点。

一、肌肉酸痛

1. 症状及原因

肌肉酸痛的症状是局部（运动部位）肌肉酸痛的感觉。在生理学上叫乳酸堆积，有些教练把它叫作“肌肉关”，是运动良性刺激的结果，属于正常的生理现象。

肌肉酸痛的原因是：人体运动时需要的能量物质较多，当运动强度加大氧气不足时，出现了无氧酵解供能的过程，能量代谢产生乳酸，从而堆积在肌肉内。肌肉收缩时产生的水分使肌肉膨胀，刺激肌肉的神经末梢产生了酸痛的感觉。

2. 处理方法

可用热敷、按摩、药物揉捏、伸展练习、口服维生素 C、针灸，以此改善血液循环，促使肌肉中乳酸的排除。

3. 预防

运动量及负荷安排要科学合理，锻炼中避免局部负荷过重，认真做好准备活动，注意放松和拉伸练习，持之以恒，循序渐进。

二、肌肉痉挛

1. 症状

肌肉痉挛是指肌肉突然不自主强直收缩的现象，会造成肌肉僵硬、疼痛难忍。大多数的研究结果认为，肌肉抽筋是因为神经或神经肌应激阈值降低，使得肌肉的神经行动频率突然增加，造成肌肉强直收缩。下列有几种情况较易引起肌肉痉挛的发生：

①经过长时间运动而形成肌肉疲劳时，仍持续运动；

②局部循环不良、情绪过度紧张；

③严重腹泻、呕吐和饮食中的矿物质（如镁、钙）含量不足，水分和盐分流失过多；

④环境温度突然改变；

⑤以不适当的姿势从事运动或肌肉协调不良。

2. 处理方法

急性期的处理，也就是抽筋发生时的处理，患者需即刻休息，对抽筋的肌肉轻轻反向拉长，因当肌肉拉长时，会使肌腱的张力增加，当张力达到某一强度时，神经会将冲动传至大脑，大脑为了避免肌腱受伤会释放讯息放松抽筋的肌肉。拉长肌肉时不可用力过猛，以免拉伤肌肉造成二次伤害。短时间的肌肉抽筋经过处理后即可回到比赛场，但再次发生的可能性仍很高。若肌肉抽筋的时间很长，则可使用热敷或冷敷的办法来减轻疼痛，也可局部喷洒或擦一些松筋止痛的药水或药膏。若再次发生抽筋，则需考虑肌肉是否过度疲劳或脱水，前者则必须停止活动休息，后者则需补充水分和电解质。

3. 预防

①不在通风不良或密闭的空间做长时间或剧烈的运动。

②长时间运动之前、中、后，皆须有足够的水分和电解质的补充。

③在日常饮食中摄取足够的矿物质（如钙、镁）和电解质（如钾、钠）。矿物质的摄取可从牛奶、优格、绿色叶类蔬菜等食物中摄取，电解质可从香蕉、柳橙、芹菜、天然食物等或一些低糖的饮料中获得。

④运动前做充足的准备运动，冷天运动后需做适当的保

温，如游泳后应立即将泳衣换掉，穿上保暖的衣物。

⑤晚上睡觉时易抽筋者，在睡觉前需做一些伸展操，尤其是易抽筋的部位的伸展。

三、运动中腹痛

1. 症状及原因

运动中腹痛大多是在做耐力性运动时产生。症状为右上腹、上腹中部、左上腹出现钝痛、胀痛或刺痛感，个别出现绞痛。原因是：

①准备活动不充分，开始时运动过于剧烈，内脏器官功能由于惰性的原因未能尽快适应肌肉剧烈运动的变化，致使脏腑功能失调。

②运动前饮食过饱（食物及饮水）以及腹部受凉或身体大量排汗，引起胃肠痉挛。

③呼吸节奏紊乱或动作不协调，使隔肌产生异常活动，或是由于疲劳引起的疼痛。

④少数由于运动时间过长、强度较大，致使心脏功能降低，下腔静脉压力增大，血液回流受阻积淤在肝脏，引起肝区疼痛。

2. 处理

一般可采用减慢速度、加深呼吸、按压疼痛部位等方法，如疼痛不见减轻甚至加重应立即停止运动，并口服十滴水等药物，按摩内关、足三里等穴位，如仍不见效，应立即送医院做进一步检查和治疗。

3. 预防

饭后一小时再运动，做好准备活动，运动量应循序渐进，调整呼吸节奏，夏季适当补充盐分，对各种由于慢性疾病引起的腹痛应当就医检查，并在医务人员的监督下进行锻炼。

四、极点现象和第二次呼吸

“极点”和“第二次呼吸”是长时间较剧烈运动常见的生理现象，只要坚持锻炼并处理得当，“极点”现象是可以逐渐延缓和减轻的。

1. 极点

长时间剧烈运动特别是在中长跑时，由于内脏器官的惰性，心肺功能不能立即适应运动的需要，加之能量消耗大，下肢回心血量减少，当氧债不断积累并达到一定程度时，就会出现呼吸急促、胸闷难忍、下肢沉重、动作不协调甚至头晕恶心的现象，这在运动生理学上被称为“极点”。

2. 第二次呼吸

“极点”出现后，适当减慢速度并注意加深呼吸，调整呼吸节奏，坚持一段时间后，上述生理反应会逐步缓解并消失。随后身体机能重新得到改善，氧的供应增加，运动能力又有提高，动作变得协调有力。这种现象标志着“极点”已被克服，在生理学上被称为“第二次呼吸”。第二次呼吸出现后，循环机能将稳定在一个新的较高的水平上。

五、运动性晕厥

1. 症状及原因

在运动中或运动后由于脑部一过性供血不足或血液中化学物质的变化引起突发性、短暂性意识丧失（LOC）、肌张力消失并伴有跌倒现象，称为运动性晕厥。运动性晕厥的症状开始时是全身无力、头昏耳鸣、眼前发黑、面色苍白，随之可能出现一时性失去知觉、突然昏倒、手脚发凉、脉搏变弱、血压降低等症状，该症状主要与运动方法、心功能、重力及剧烈运动后引起低血糖有关。

2. 处理

出现运动性晕厥时应立即使患者平卧，足略高于头部，并进行由小腿向大腿心脏方向推摩或拍击。同时由手指点压人中、合谷等穴位。如有呕吐，应将患者头偏向一侧。如停止呼吸，应立即进行人工呼吸。轻度休克者，应由同伴搀扶慢慢走一段时间症状即可消失。

3. 预防

平时要坚持体育锻炼，以增强体质；久蹲后不要突然起立，不要带病参加剧烈运动；急跑后不要立即停下来；不要在饥饿情况下参加剧烈运动。只要遵循上述要求，运动性昏厥是可以避免的。

六、运动性贫血

血液中红细胞与血红蛋白低于正常值，称为贫血，因运动引起的血红蛋白减少称为运动性贫血。运动性贫血的指数为男性的血红蛋白总量低于 0.12 克，女性低于 0.105 克。在通常情况下，此病的发生率女性高于男性。由于贫血，常引起多种不良的生理反应，危及健康。所以这部分人常常恐惧体育锻炼，特别害怕中长跑锻炼。

主要原因：一是由于运动时，肌肉对蛋白质和铁的需要增加，一旦需求量得不到满足，即会引起运动性贫血。二是由于运动时，脾脏释放的溶血卵臟质使红细胞的脆性增加，加上运动时血流加速，易引起血红细胞破裂，致使红细胞的新生与死亡之间的平衡受到破坏，从而导致运动性贫血。

症象：运动性贫血发病缓慢，其症状表现为头晕、恶心、呕吐、气喘、体力下降以及运动后心悸、心率加快、脸色苍白等。

第二节　常见运动损伤的预防

人在生活工作及体育锻炼等不同环境中，难免会发生意外。在运动锻炼中，由于受到冲撞或过度牵拉、扭转等因素所造成的伤害，包括组织或器官在解剖结构方面的改变或生理上的紊乱被称为运动损伤。

一、运动损伤的分类

1. 按伤后皮肤粘膜是否完整分类

①开放性损伤:是指受伤的皮肤或粘膜破裂，伤口与外界相通，有血液或组织液从伤口渗出，容易引起感染。常见的有擦伤、撕裂伤、刺伤、开放性骨折等。

②闭合性软组织损伤:由一次较大的暴力所致，损伤的皮肤或粘膜未破裂，伤口不与外界相通。常见的有挫伤、扭伤、肌肉拉伤及肌腱鞘炎等。

2. 按受伤的组织结构分类

按受伤的组织结构可分为软组织损伤、骨折和脑震荡等。

①骨折:在外力的作用下，骨骼的完整性遭到破坏被称为骨折。根据骨折处是否与外界相通分为开放性骨折和闭合性骨折，根据骨折的程度与形态又分为完全性骨折或骨裂。

②脑震荡:指头部被动受到钝击，脑部及神经细胞受到外力震荡后，引起的暂时性意识和机能丧失或障碍。

3. 按受伤的病理过程分类

按受伤的病理过程可分为急性损伤和慢性损伤。急性损伤是指由于瞬间遭受直接或间接的暴力造成的损伤。慢性损伤是指由于劳损或陈旧性损伤造成的伤害。

4. 按伤情轻重分类

按受伤的性质轻重分为轻伤、中等伤、重伤。

二、运动损伤的原因

造成运动损伤的原因是多方面的，既与锻炼者的基础、技能水平有关，也与运动项目的特点、技术难度以及运动环境等因素有关。其主要原因有：

①思想麻痹大意是所有运动损伤因素中最主要的因素。其中包括运动前不检查器械，预防措施不得力、好胜好奇等，常在盲目和冒失中受伤。

②运动前准备活动不充分，特别是缺乏针对性准备活动，使运动器官、内脏器官机能没有达到运动状态而造成损伤。

③运动情绪低下或在畏难、恐惧、犹豫以及过分紧张时发生伤害事故。有时因缺乏运动经验，缺乏自我保护能力致伤。

④锻炼内容组合不科学、方法不合理以及技术上的错误等引起损伤。

⑤运动场地狭窄，地面不平坦，器械安置不当或不坚固，锻炼者拥挤在一起或多种项目在一起活动，容易相互冲撞所致。

⑥空气污浊、噪音、光线暗淡、气温过高或过低以及运动服装不合要求等原因，都可以直接或间接造成伤害事故。

三、运动损伤的预防

①加强运动安全教育，克服麻痹思想，提高预防意识。

②认真做好准备活动，对可能发生运动损伤的环节和易伤部位，要及时做好预防措施。

③合理组织安排锻炼，合理安排运动量，防止局部运动器

官负担过重。

④加强保护与帮助，特别要提高自我保护能力。如摔倒时，立即屈肘低头，团身滚动，切不可直臂或肘部撑地。由高处跳下时，要用前脚掌着地，注意屈膝，弯腰，两臂自然张开，以利于缓冲和保持身体平衡。

第三节　运动伤病的紧急处理

一、开放性软组织损伤的处理方法

开放性软组织损伤一般伴有不同程度的出血，如果出血量较大，首先要及时止血，如果出血量不大，先清洁创口，及时消毒以防感染，受伤较重的应及时送往医院。

1. 擦伤

小面积的擦伤一般先用生理盐水或凉开水、纯净水（条件不许可自来水也行）等冲洗伤口，而后消毒、杀菌，无需包扎；如在关节部位有较大面积擦伤，可在创口上抹磺胺药膏或抗菌软膏，并用敷料覆盖包扎，以防干裂影响关节活动。大面积、较深的擦伤或有异物的擦伤，应先用消毒镊子将异物祛除，而后消毒、用药和包扎。

2. 撕裂伤、切伤、刺伤

对于小的撕裂伤可用创可帖做简单处理。刺伤的伤口一般比较深而小，可致使深层肌肉组织甚至内脏器官受损，有些刺入物也可能携带污物，应先将其取出，再彻底清创、止血、消炎包扎，同时应到医院用抗菌素治疗并注射破伤风抗毒血清以防破伤风，对于撕裂伤、切伤、刺伤伤口大者还需及时缝合和包扎。

二、闭合性软组织损伤的处理方法

1. 急性损伤的处理原则

①止动：损伤发生后，一般首先要止动，检查有无合并伤，若伴有合并伤如脑震荡、腹部挫伤伴有内脏器官破裂等，要先处理合并伤，再处理软组织损伤。在确定无严重合并伤后再进行下一步处理。

②止血防肿：新伤发生后应进行冷敷，如自来水管冲淋、冷水浸泡或用冰袋（塑料袋盛水加冷饮）敷患处，有条件的可采用氯乙烷喷射表面，使局部组织降温和毛细血管收缩，达到止血防肿的目的，两天内要停止伤部的活动或做局部固定，抬高患肢，还可外敷新伤药、内服止痛片（跌打丸、七厘散）等。

③活血散淤，消肿止痛：受伤两天后，可以在局部进行按摩、热敷、理疗等，促进组织的新陈代谢，加速淤血与渗出液的吸收。活血散淤，消肿止痛。当损伤基本恢复后，应进行适当的力量练习和肌肉、韧带的伸展练习。

2. 慢性损伤的一般处理原则

改善伤部血液循环，促进组织新陈代谢，合理安排运动量。通常采用按摩、热敷、功能康复锻炼等方法。

三、骨折和关节脱位的处理方法

1. 骨折

①一般处理：凡有骨折可疑的病人，均应按骨折处理。首先应抢救生命。对于开放性骨折应先止血，再做局部无菌处理和包扎伤口，最后就地取材，用夹板及绷带固定患肢，非医护人员不能随意使用整复手法，以免加重病情。简易处理后，应迅速送往医院进行整复和治疗。闭合性骨折有穿破皮肤、损伤血管、神经的危险时，应尽量消除显著的移位，然后用夹板固定。

②创口包扎：若骨折端已戳出创口，并已污染，但未压迫血管神经时，不应立即复位，以免将污物带进创口深处。若在包扎创口时骨折端已自行滑回创口内，需向负责医师说明，促其注意。

③妥善固定：急救固定的目的有三：第一，避免骨折端在搬运时移动而更多地损伤软组织、血管、神经或内脏；第二，骨折固定后即可止痛，有利于防止休克；第三，便于运输。

④迅速送往医院进一步治疗。

2. 关节脱位

关节脱位时，局部有疼痛、压痛、肿胀、关节畸形和关节活动丧失等症状。

处理原则是：抗休克→临时固定→送医院。如果伴有出血应止血→抗休克→包扎伤口→临时固定→送医院。

四、脑震荡的处理方法

立即使伤员平卧，头部冷敷，身体保暖，掐人中、合谷、内关等穴位，使昏迷者尽快苏醒。对呼吸障碍的患者可做人工呼吸，对昏迷时间超过 4 分钟、两侧瞳孔大小不一，有口、鼻、耳出血、眼球青紫及醒后头疼严重，剧烈呕吐或再度发生昏迷者，应立即送往医院抢救。对短时间意识恢复的轻伤员，应尽可能使其平卧并送回宿舍休息，一般应卧床休息到头痛、头晕的症状完全消除。不宜过早参加运动，以免留下头痛、头晕的后遗症。

五、运动损伤的急救

急救是指对运动中突然发生的严重损伤进行的紧急、初步和临时性的处理。在紧急处理的同时应迅速做好送医院的准备。正确的急救处理，可以减轻患者痛苦，预防并发症，为转送医院进一步治疗创造条件。若处理不当，轻者会加重损伤、招致感染、增加患者痛苦，重者会危及生命。因此，急救者必须及时、准确、合理、有效地采取措施，这对保护患者生命安全，具有十分重要的意义。

1. 急救原则

急救要分工明确、判断正确，在多种损伤中找出主要矛盾进行急救。如出血时，首先止血，休克时先抗休克。急救时必须争分夺秒、当机立断。

2. 急救方法

(1) 止血法

运动创伤一般都有出血现象，出血可分为内出血和外出血两种。外出血又有动脉、静脉出血和毛细血管出血之分。这里介绍外出血的常用止血方法。小的外伤静脉出血，在出血点上加压包扎，使血管闭塞形成防御性血栓或血块即可达到止血的目的。动脉出血，可采用指压法达到止血目的。常用的外出血临时止血法有以下几种：

①冷敷法：常用于急性闭合性软组织损伤。

②加压包扎止血法：用生理盐水冲洗伤部后用厚敷料覆盖伤口，外加绷带增加血管外压，促进自然止血过程，达到止血目的。用于毛细血管和小静脉出血。

③抬高伤肢法：用于四肢小静脉和毛细血管出血。方法是将患肢抬高，使出血部位高于心脏，降低出血部位血压，达到止血效果。此法在动脉或较大静脉出血时，仅作为一种辅助方法。

④屈肢加压止血法：前臂、手或小腿、足出血不能制止时，如未合并骨折和脱位，可在肘窝和腘窝处加垫，强力屈肘关节和膝关节，并以“8”字形绷带固定，可有效控制出血。

⑤指压止血法：这是现场动脉出血常用的最简捷的止血措施。指压法的要领是在出血部位的上方，在相应的压迫点上用拇指或其余四指把该动脉管压迫在邻近的骨面上，以阻断血液的来源而达到止血的效果。这是动脉出血时的一种临时止血法，所加压力必须持续到可以结扎血管或用止血钳夹住血管为止。

(2) 抗休克

抗休克的措施一般包括：使伤员安静平卧，保暖，控制大的活动性出血，对呼吸困难者应进行人工呼吸或给氧急救，疼痛剧烈者可给服止痛片或镇静剂之后迅速送往医院。

(3) 包扎固定

正确的包扎、固定可限制伤肢的活动，保护伤口、防止和减少感染。包扎时动作要轻柔快速、松紧适度。对于制动程度要求高的损伤（如骨折、关节脱位等），则需夹板固定。

(4) 速送医院

经现场急救处理后，应迅速送往附近的医院做进一步的治疗。在运送伤员过程中，应尽量减少对伤者的伤害，特别是对有颈部损伤的患者。

六、心肺复苏术

在生活当中，由于一些自己知道或不知道的疾病如心肌炎等，或由于一些生活意外如：电击、煤气等及一些体育运动的严重意外事故，如溺水、外伤性休克等，可能出现呼吸和心跳骤然停止。如不及时抢救，伤员会很快死亡。人工呼吸和胸外心按压是现场复苏急救的重要手段。

1. 人工呼吸

人工呼吸是借助人工方法来维持机体的气体交换，以改善缺氧状态，并排出二氧化碳，为自主呼吸的复苏创造条件。以口对口人工呼吸法为例：施行时，使伤员仰卧，松开领扣、裤带和胸腹部衣服，清除口腔内异物。急救者一手的掌尺侧置于病人前额，使其头部后仰，拇指和食指掐住病人鼻孔，以免气体外溢，另一手置于病人颈后，将颈向上托起，保持气体畅通。然后深吸气，张嘴去套住病人的嘴并紧贴住向里吹气。每次吹气量应为800~1200毫升，吹气按每分钟16~18次的频率进行。

2. 胸外心脏按压

胸外心脏按压是通过间歇按压胸骨柄下端位置，间接压迫左右心室腔，使血液流入主动脉和肺动脉，建立有效的大小循环，为心脏自主节律的复苏创造条件。

操作时，使患者仰卧于硬板床或地面上，急救者以一手掌根部置于患者胸骨的中、下三分之一交界处，另一只手交叉重叠于其手背上，肘关节伸直，充分利用肩部上下起伏的动作和上半身的重量，有节奏并带有冲击性地垂直按压胸骨，使胸骨下陷3~4厘米，对待儿童相应减轻。每次按压后随即迅速抬起使胸廓复位，以利于心脏舒张，速率为每分钟60~80次。

3. 人工呼吸与胸外心脏按压的配合

进行心肺复苏急救时，应沉着、冷静、迅速，急救一经开始，就要连续进行，不能间断，一直做到伤员恢复自主呼吸心跳或确定死亡为止。在抢救的同时，应迅速派人去医院请医生过来处理。

对呼吸心跳均停止的伤员，应同时进行上述两种急救措施。如为单人操作，按压频率与吹气比例为15:2，反复交替进行。两人操作时，一人按压，一人吹气，每按5次，吹气1次，交替进行。如有条件应给伤员头部用冰袋冷敷，以降低伤者脑部的代谢，减轻由于缺氧造成的脑损害。

操作中如能摸到伤员颈动脉或股动脉搏动，上肢收缩压达60毫米汞柱以上，口唇、脸色较前红润，或者呼吸逐渐恢复，瞳孔缩小，则为按压有效的表现，应坚持操作直至自主心跳出现为止。

第七章　私人健身教练员

私人健身教练员（Personal Fitness Trainer）是指具有国家认可的资格认证，在商业性健身俱乐部中为健身会员提供“一对一”的定制化的健身指导服务的教练员。

第一节　私人健身教练员的行为规范

私人健身教练员的行为规范往往都是与健身指导服务职业的行业特点结合在一起的。因此，带有明显的健身行业特征。例如，爱岗敬业就是一条基本的私人健身教练员的职业道德。运动处方的制订、保护和帮助的标准，操作程序与实施的方法，不能随心所欲。这些规范要求都反映了健身行业的特点，体现出私人教练员这一职业如何能够更好地为健身会员服务的行为准则。

一、私人健身教练员行为规范的核心

全心全意为健身会员服务是私人健身教练员行为规范的核心。在现代商业健身俱乐部中，满足会员增强体质、健美体形、疗疾康复、延年益寿是私人健身教练员行为规范的具体体现。私人教练的职业道德都集中体现着为健身会员服务的宗旨，都应把为会员服务作为健身行业的出发点。私人教练最为

核心的竞争力就是良好的职业声誉，也是他们最宝贵的财富。

服务会员是对私人健身教练员的职业要求。服务会员就是要做到热情周到，尽力满足会员需求。私人健身教练员应对健身会员抱以主动、热情、耐心的态度，服务细致周到，勤勤恳恳。“礼貌待客要热心，照顾会员要细心，帮助会员要诚心，热情服务要恒心”，这是时下现代商业健身私人教练员的服务原则。“多说一句，多看一眼，多帮一把，多走一步；话到、眼到、手到、腿到、情到、神到”，这是时下现代商业健身房对私人教练员工作的要求。

二、私人健身教练员行为规范的具体内容

1. 热爱本职，精业勤业

热爱健身指导工作，有强烈的事业心和荣誉感，钻研健身指导业务，掌握健身指导技能，兢兢业业、勤勤恳恳、任劳任怨，不怕脏、不怕累，尽职尽责地为会员服务。

2. 严守常规，细心负责

要严格遵守私人健身教练员健身指导技术的操作常规，工作中要细心、耐心、认真、周到，特别是在独立操作和健身指导一些特殊会员时，更要精心负责，不厌其烦，严防差错、事故的发生。

3. 和蔼可亲，关心体贴

待会员要似亲人，言语要亲切、体贴，照顾要无微不至，对待所有的会员在态度上都要一视同仁。

4. 执行计划，严格落实

私人健身教练员根据会员的需要，对会员的锻炼、饮食、检测和评估等方面所拟定的书面文案，要科学、规范、系统、认真负责地、忠实地执行运动处方、锻炼计划或健身方案。拒绝参与不道德的行为。

事实上，从广义的理解中，健身房商品=健身商品实体+私人健身教练员服务。不难看出，如果健身商品的实体部分性能相同，但随同提供的私人健身教练员服务有好有坏，那么在会员看来，则是两种不同的产品，他们在满足会员需要的程度上有差别，因而私教课程的销售量也会不同。

会员就是健身房的生存之源，会员就是私人健身教练员的衣食父母，不拥有会员，健身房就不能生存。

第二节　私人健身教练员的工作程序

一、了解客户的具体要求

在健身房内，私人健身教练与客户之间是一种服务与消费的关系。为了使客户获得满意和优质的服务，私人健身教练应在授课前详细了解客户的要求。了解的内容主要包括以下几方面：

①客户参加健身的目标是什么，如发达肌肉、祛脂减肥、健身强体、舒心解压等。

②根据个人的具体实际，客户希望达到目标的时间期限。

③客户为达到目标，曾参加过何种运动，效果如何。

④客户为达到目标所能付出的时间。

二、对客户期望达到的目标进行评估

要使客户满意，私人教练应尽可能多的了解客户的身体、生活、工作等方面的情况，并进行具体的测量和评价，然后根据测量的结果，并结合私人教练本身掌握的知识，向客户介绍私人健身教练所能提供的服务项目、内容和服务标准。例如，通过锻炼可发达肌肉、祛脂减肥等项目，经过多长时间的锻炼后可取得多大的成效等。同时，还应就锻炼目标与客户进行仔细商谈，以便达成较为一致的意向。

三、签订《运动参与同意书》和《个人健身锻炼合同》

在达成健身锻炼意向的基础上，为保障私人健身教练与客户在消费过程中的利益，双方必须建立制约机制。这种制约机制的最好方式就是签订《运动参与同意书》和《个人健身锻炼合同》，以法律的形式来制约双方，使双方都能努力担负起各自的责任和义务，进而达到双方所期望的共同目标。合同的具体内容可参见本章附件。

四、对客户的身体适应能力、运动安全和危险因素进行调查

1. 评定客户的健康状况

为了使客户能够更好地达到健身目标，必须对客户的健康

状况作出科学的评定，一般客户健康状况的调查内容和指标包括以下几部分内容：

(1) 主要危险因素

①是否患有心脏病：了解客户是否有心脏病、高血压或高血脂症。通常高血压的评定指标是静息状态下动脉收缩压和舒张压增高（大于等于140/90毫米汞柱）；高血脂是在空腹血清总胆固醇大于等于200毫克/100毫升，或甘油三酯大于等于20毫克/l00毫升，以及两者同时存在时，称为高血脂症。

②是否患有肝炎：肝炎病人病情严重时最好卧床休息，这样可以增加肝脏血流量，为肝脏提供更多的氧气和营养，有利于肝细胞的修复。如果患者肝功能异常，则应减少运动，但完全卧床休息也未必有益于疾病恢复，应劳逸结合，在身体条件允许的情况下适当活动。这样既可锻炼身体,又可以促进消化功能，还可以振奋精神，并转移对疾病的注意力，对康复有利。

③是否患有糖尿病：糖尿病人进行必要的运动，往往比单纯控制饮食更能取得降糖效果。运动可以改善血糖，促进血液循环，缓解轻中度高血压，减轻体重，提高胰岛素敏感性，减轻胰岛素抵抗，改善血脂情况。有调查表明，每周锻炼7小时以上的妇女患2型糖尿病可能性是每周锻炼少于半小时的一半。但以有氧运动为好，首先根据自身具体情况确定运动方式，在病情稳定的情况下，每天可进行30~60分钟的活动时间，对青中年患者在无严重并发症的前提下，进行有氧运动效果会很好。

(2) 次要危险因素

次要危险因素主要包括年龄、性别、血尿酸呈高水平、生活压力、缺乏运动等。

2. 调查客户的健康及身体适应能力

调查客户的健康及身体适应能力的内容一般包括：客户的个人资料和紧急事故资料、客户过去及现存的病历记录、客户过去及现在的运动经验、客户对营养的简单看法、对客户生活方式的测量和评定以及拟定的健身目标等问题。

五、身体测量

1. 心率

测量静态心率（最佳静态心率为晨脉），测量前要给客户几分钟的放松时间。最佳测量位置是桡动脉。测量时应用食指和中指，测量时间应超过 30 秒。

男性的正常心率数值约为每分钟 72 次，女性约为每分钟 80 次。在测量过程中，若体温异常、心情紧张、食用含酒精或咖啡因的饮料、服药和身患疾病等因素都会影响测量的准确性。

2. 血压

血压是指血液对血管壁的压力。收缩压是心肌收缩时的血压，舒张压是指心肌舒张时的血压。

3. 身体各部位的围度

身体各部位的围度测量包括：颈围、肩围、胸围（常态、扩展）、上臂围（屈、伸）、前臂围、腰围、臀围、大腿围、小腿围等。测量工具通常是皮尺。为提高测量的准确性，在测量过程中要特别注意皮尺的松紧度。

4. 体脂测量

在测量体脂的过程中，其他条件不变的情况下，对同一被试者同一位置进行重复测量可以提高测量的准确性。测量体脂的方法有：水中称重法、皮脂厚度测量法、体成分仪测量法以及采用红外线、超声波等手段进行测量的方法。健身俱乐部一般多采用体成分仪测量法。

5. 身体姿势的测量与评估

身体姿势及稳定性的测量内容应设计出表格，列出所有测试动作和观察内容。在锻炼课开始前，应对客户进行测量并做出初步的评估并拍照存档。例如女会员的评估包括：自然站立、四个面向（重心位置、四肢比例、上下身比例、骨骼发育情况、脊柱正直、双肩同高等）、直线步行、蹲起、闭眼单足站立、各种平衡动作、身体姿势及其人体基本活动能力等，以做到心中有数。

6. 力量

力量是指人体或人体某部分所能克服的阻力，人体力量的大小可为后期的锻炼计划的制订提供依据。

六、饮食调查

在健身锻炼中，锻炼效果的好坏与饮食营养的关系极为密切。正如健身锻炼者常说的一句话：“一半靠吃，一半靠练。”所以了解客户的饮食营养情况，除了经常询问他们的饮食情况以外，还应该要求客户每天记录饮食日记，以便从饮食日记中具体了解食物的品种、数量、热量和饮食次数等信息，从而科学地指导客户平衡膳食、合理地摄取人体所需要的各种营养素，取得健身锻炼的最佳效果。

七、自我评估

要使锻炼的结果达到预期目标，作为一名私人健身教练员必须了解自己的长处和不足。根据客户的具体情况，结合私教自己的专业知识、辅导技能和教学经验等，取长补短，以使锻炼的各个环节都能得到有效的控制。如果有必要对客户的目标或要求做出承诺时，私人健身教练员应特别小心和谨慎。

八、根据体格检验测量和评定结果做出估计

一旦双方签订锻炼合同，私人健身教练员就负有使客户达到锻炼目标的义务和承担保证客户健康状态的责任。因此，私人健身教练员应具体地检验评价客户的形态与机能状况，根据其测评结果对客户的健康状况作出估计，预测经过锻炼后客户可能达到的目标，从而了解自己应负有的责任。

九、拟定运动处方

在认真分析客户的资料，确定客户所追求的目标和签订锻炼合同的基础上，私人健身教练员首先应该根据客户的具体情况，优先安排有疾病问题的客户，在配合医生治疗或进行医务监督的同时，为客户拟定好相应的健身运动处方。

十、编写锻炼课程计划和上好引导课

1. 编写锻炼课程计划

当健身锻炼合同签订后，双方应为合同所规定的内容而努力。因此，为了检查或验证锻炼课程的效果，在开始锻炼前必须收集个人的有关资料。如健康及身体适应能力的问卷调查、身体形态指标和机能指标的测量、体型照片和人体的姿态评估等。在此基础上，根据会员的实际情况，编写好锻炼课程计划。

2. 上好引导课

引导课一般是指开始锻炼的前三节课。主要任务是向会员讲述课中的有关注意事项。如运动时所需穿着的服装、禁食含咖啡碱或酒精的饮料或食品，禁止抽烟或服用其他药物等。锻炼课开始，要先做好热身运动，然后进行基本动作教学，但此阶段中，运动量要适量，一般以全身各部位练习 1~2 组为宜，即使会员还很想练时，也应让其停止。最后，要求做好放松整理活动。锻炼课结束后应向会员讲述有关休息、恢复和饮食等方面的知识（例如锻炼课的第二天肌肉可能会出现酸痛等属于正常生理反应的一类知识）。

注：运动处方和锻炼方法参照本书其他章节。

第八章　运动与营养物质

营养是指人体从外部环境摄取、消化、吸收与利用食物和养料的综合过程。合理营养有助于提高运动能力和促进运动后机体的恢复，支持运动训练，是运动员保持良好健康和运动能力的物质基础；对健美运动而言，是促进疲劳恢复和发达肌肉的重要保证。

第一节　运动与三大营养物质

一、糖

1. 糖的组成及分类

糖是多羟基醛或多羟基酮及其衍生物的总称，亦可称为糖类，是由碳、氢、氧三种元素构成的一大类化合物。糖是大强度运动的主要能量来源。糖耗氧量低，输出功率大。它是运动时唯一一个无氧代谢合成 ATP 的物质，详见表 8–1。

2. 糖的分类

按糖的分子结构分为单糖、低聚糖和多糖。

表 8-1 糖的分类及食物来源表

糖的分类	糖的种类	食物来源
单糖	葡萄糖	红糖、白糖、麦芽糖等
	果糖	水果和蜂蜜
	半乳糖	乳类
低聚糖	蔗糖	甘蔗和甜菜等
	麦芽糖	麦芽糖
	乳糖	动物乳汁
多糖	淀粉	米面和薯类等
	纤维素	蔬菜水果和谷物

(1) 单糖

凡不能被水解成更小分子的糖称为单糖。葡萄糖是最值得注意的一种单糖，因为它是唯一的能够被机体以自身形式直接利用的糖分子，葡萄糖是血糖的基本成分。作为能源所有其他的糖都必须转变为单糖才能被机体利用。安静状态下，葡萄糖以糖元的形式贮存在骨骼肌和肝脏中，以备机体工作时的能源利用。正常成人血液中糖总量约为 4~6 克，当血糖储备过剩时机体会将多余的糖转化为脂肪存入皮下。

(2) 低聚糖

低聚糖又称为寡糖，是由 2~10 个单糖分子缩合形成的糖。在低聚糖中以双糖分布最为普遍，生物学意义也最大。常见的双糖有蔗糖、乳糖和麦芽糖，三者都易水解为单糖。

(3) 多糖

多糖是由多个单糖分子缩合、失水而形成的。这一类结构复杂且分子量庞大，其水解后能产生许多分子单糖。多糖可以由一种单糖缩合而成，如淀粉、糖原和纤维素等，也可以由不同类型的单糖缩合而成，如结缔组织中的透明质酸等。淀粉主要存在于植物的种子、果实和块茎中，有直链和支链之分，在酸和消化道淀粉酶的作用下，其最终水解产物是葡萄糖。

3. 糖在人体内的存在形式

糖在人体内的存在形式分两种，一种是以糖原形式存在于组织细胞浆内（即肌细胞中的肌糖原、肝细胞中的肝糖原），另一种是以葡萄糖形式存在于血液中的血糖。空腹时血糖浓度较稳定，约为 80~120mg/100ml。

我们运动中摄取的糖主要指葡萄糖，它在人体内总贮量为 500 克左右，其中肌糖原在人体内的贮量为 400 克左右，肝糖原在人体内的贮量为 100 克左右，血糖在人体内的贮量为 5 克左右。训练水平较高的运动员肌糖原贮量可高达 600~800 克左右。

4. 糖的生理功能

(1) 提高热量

糖是机体最主要的供能物质。它在人体内消化后，主要以葡萄糖的形式被吸收，葡萄糖能迅速氧化给机体供能。每克葡萄糖完全氧化可释放能量 4 千卡，即使在缺氧的条件下也能通过酵解作用为机体供能。它不但是肌肉活动时最有效的燃料，而且是心肌收缩时的应急能源，脑组织和红细胞也要靠血液中的葡萄糖供给能量。

(2) 构成机体成分和参与细胞多种活动

由糖参与构成的糖蛋白、黏蛋白、糖脂和核酸等参与构成细胞核、细胞膜、细胞间质和结缔组织、神经鞘等，某些糖类还是构成一些具有重要生理功能的物质如抗体、酶、血型物质和激素的组成成分。

(3) 抗生酮作用

三羧酸循环是糖、脂肪、蛋白质分解代谢中彻底氧化释放能量的一个共同途径。若缺乏糖，脂肪分解不能经三羧酸循环而完全氧化，因而形成丙酮、β-羟丁酸和乙酰乙酸（即所谓的酮体）。当酮体在血液中达到一定浓度即发生酮病，引起酸中毒。体内糖代谢正常进行，将会减少酮体的生成。

(4) 保护蛋白质

当蛋白质与糖一起被摄入时，氮在体内的贮留量比单独摄入蛋白质时要多。主要因为糖的氧化增加了 ATP 的形成，有利于氨基酸的活化以及蛋白质合成。当能量不足时，增加糖的供给量，可见氨基酸在血中的含量降低，且对其他组织的供应和尿素氮的排出减少，保留的氮重新被利用。这种糖节省蛋白质消耗的特异作用称为糖对蛋白质的保护作用。

(5) 保肝解毒作用

当肝糖原储备较充足时，肝脏对某些化学毒物如四氯化碳、酒精、砷等有较强的解毒能力；对各种细菌毒素的抵抗力增强。摄入足够的糖可使肝脏中肝糖原丰富，在一定程度上既可保持肝脏免受有害因素的损害，又能保持肝脏正常的解毒功能。

(6) 增强免疫力

近期研究表明，补糖有利于减少应激激素，稳定免疫功能。葡萄糖是免疫系统包括淋巴细胞、中性粒细胞的重要燃料，吞噬细胞利用葡萄糖的速率是利用谷氨酰胺的 10 倍。

(7) 增加饱腹感

摄入含糖食物容易增加饱腹感，尤其是吸收缓慢和抗消化吸收的糖，更能延长饥饿到来的时间。

(8) 增强肠道功能

非淀粉多糖，如膳食纤维素、功能性低聚糖等是不能被机体消化的糖类，虽然不能在小肠内消化吸收，但可刺激肠道蠕动，增强结肠内的发酵作用；发酵产生的短链脂肪酸和肠道菌群增殖，有助于正常消化和增加排便量。

5. 运动员对糖的需要

对于参加运动的人来说大强度运动时糖供能占95%，任何运动都离不开糖。膳食中糖是最重要的营养素，也是主要的限力性物质。由于体内储备量小，更需要不断地从外界摄取以保证体内糖原储备充足。研究表明，运动员由于消耗或糖摄入不足导致肝糖原、肌糖原亏空时只能达到最大运动能力的50%。当通过饮食使肌糖原、肝糖原增加时，运动员能够完成更长时间的高强度运动。可见，糖原储备的多少是耐力的限制因素之一。运动前肌糖原储备低，机体则会较多利用脂肪酸供能，这必将使肌肉做功能力下降。

运动前补糖可增加肌糖原、肝糖原储备和血糖的来源，并可进一步减少糖储备的利用率，尤其对时间长于90分钟的运动更为重要。运动中的补糖可增加血糖，减少动用蛋白质，延长耐力运动达到疲劳的时间。然而，科学家未发现摄入糖会减少运动肌糖原的分解，所以他们提出通过补充糖类物质导致内源性糖的节省极可能是肝脏或非运动肌的作用。运动后补糖是为了肌糖原、肝糖原的迅速恢复。

6. 补充糖类的策略与方法

(1) 补糖时间

①在大运动量训练数日前，增加食物中糖的摄入，使其提

供的能量达到总能量的 60%~70%，或者每日每千克体重摄入 10 克糖；赛前或大运动量前 4 小时，补糖 200 克，或每千克体重补糖 1~5 克。补糖的类型应采用液体形式的小分子糖（单糖或双糖）。

②运动中补糖一般采用液体形式的小分子糖，运动中糖的补充应少量多次，考虑时间间隔。每隔 30~60 分钟补充一次，每次 30~60 克，补糖量最好不超过每小时 60 克或每分钟 1 克。

③运动后补糖越早越好。因为运动后 6 小时内，肌糖原合成酶活性高，合成速率最大。运动后肌糖原的完全恢复一般需要 20 小时（优秀运动员恢复的可能要快些），平均恢复率为每小时 5%。但在运动后最初 2 小时，恢复率可达 7%，及时补糖有利于快速恢复，运动后补糖量为每千克体重的 0.74~1 克。运动后 6 小时每隔 1 小时可补充一次。糖的类型不限，最好补充小分子糖。

（2）补糖的类型

补糖的先决条件是摄入糖应该易消化、吸收快，其吸收速度至少为 25 克/小时。果糖与葡萄糖等量摄入，其吸收增加且不会引起胃肠不适。

（3）补糖的量

持续长于 45 分钟的运动，一般推荐为应补充至少 20 克的糖，在随后每小时运动中逐渐补充到 80 克。这样的量不会延迟胃的排空。运动后糖的补充，最好达 4~7 克/（每千克体重）；紧张的运动期或竞赛期前后几天，糖的摄入应增加至 10 克/（每千克体重）。

补糖的量并非越大越有利。研究发现，长时间运动后立即补充 50 克葡糖或补充超出 3 倍的葡萄糖，在 4 小时恢复后有着同样的耐力。

二、脂类

1. 脂的组成和分类

脂类是由四碳以上的脂肪酸和醇等组成的酯类及其衍生物，包括中性脂肪和类脂质。脂肪仅指中性脂肪，是甘油和三分子脂肪酸组成的酯。

脂肪酸分为饱和脂肪酸和不饱和脂肪酸。饱和脂肪酸一般来自动物，常温下为固体，也有一些饱和脂肪酸（如椰子油等）来源于植物。不饱和脂肪酸来自于植物。20 世纪 80 年代早期，营养学家认为多不饱和脂肪酸对机体是有益的，但近来的研究表明，多不饱和脂肪酸可降低对机体有益的高密度胆固醇的水平，并提高对机体无益的低密度胆固醇的水平。而单不饱和脂肪酸可降低低密度胆固醇的水平，所以单不饱和脂肪酸被认为是对机体危害最小的脂肪酸。

脂类可按不同的构成组分进行分类，通常将之分为三类，即单纯脂、复合脂和类脂。每克脂肪在体内可供给 9 千卡能量。一般膳食中所含的总能量有 17%~30%来自脂肪。由于脂肪富含能量，所以是一种比较浓缩的食物，可缩小食物的体积，减轻胃肠负担。脂肪在胃中停留时间较长，因此富含脂肪的食物具有较高的饱腹感。

2. 脂的生理功能

(1) 脂肪是组成人体组织细胞的重要组成成分

细胞膜具有由磷脂、糖脂和胆固醇组成的类脂层，脑和外周神经组织都含有鞘磷脂。磷脂主要有卵磷脂和脑磷脂，它们是神经细胞的“营养因子”，有人称卵磷脂和脑磷脂为脑黄金，在坚果中含量丰富。磷脂对动物的生长发育非常重要，胆固醇酯是人体内又一类脂类化合物。关于胆固醇的利弊争论颇多，如胆固醇可引起心脑血管疾病，危害人体健康。但胆固醇也有其重要的生理功能，如胆固醇可转化为雄性激素、雌性激素、维生素 D、胆汁酸、胆盐等生理生化活性物质。

(2) 脂溶性维生素的载体

维生素 A、D、E、K 都溶于脂肪，称为脂溶性维生素。脂肪中往往含有一定数量的脂溶性维生素，膳食中含有一定数量的脂肪可以促进脂溶性维生素的吸收。

(3) 保护内脏器官

固醇是体内合成固醇类激素的重要物质，中性脂肪构成机体的储备脂肪，例如皮下脂肪等。脂肪一方面在机体需要时可被动用，参加脂肪代谢和供给能量，同时也可隔热保温和支持体内各种脏器以及关节等。如在肾脏、心脏周围沉积着一层脂肪垫，维系和固定着这些重要的脏器，保护这些器官免受振荡和运动损伤。

(4) 人体对必需脂肪酸的需要

亚油酸、亚麻油酸、花生四烯酸等不饱和脂肪酸为人体所必需，在体内不能自行合成，必须由食物中的脂肪供给，故称为“必需脂肪酸”，必需脂肪酸是细胞的组成成分，对细胞膜和线粒结构的维持具有重要意义，对胆固醇的代谢和运输、对毛细血管壁的完整性都有重要作用，还有促进发育、保护皮肤和降低胆固醇等生理作用。人体缺乏必需脂肪酸（主要是亚油酸）将会引起皮肤病、生育异常和代谢紊乱，甚至危及生命。

(5) 供给热能

脂肪是人体能量的主要来源，属产热量最高的一种热源物质，被认为是膳食中“浓缩的能源”。每克脂肪在体内氧化可产生能量 37.6 千焦（0.9 大卡）。与葡萄糖和蛋白质相比较而言，脂肪的最大优点是储存量大。这个量大有两层含义，一是由于脂肪不溶于水，故而在水的极性作用下，具有比糖和蛋白质更小的体积；二是同样重量的脂肪是糖和蛋白质产热的 2.5 倍，并且在体内有比糖更大的储存空间。因此，脂肪不仅是人体的最大能量库，还是最佳的能量储备形式。但脂肪摄入量过大时，很容易引起身体的肥胖。

3. 脂肪代谢

在运动中脂肪被分解为甘油三脂并产生能量用于肌肉收缩。脂肪酸是甘油三脂的基本单位。人体组织内的甘油三酯被动员后，游离脂肪酸（FFA）在血液中的浓度变化可分为三个时期：①循环期；②代谢期；③恢复期。影响运动中脂肪代谢的因素有以下几个方面。

(1) 运动强度和运动持续的时间对脂肪代谢的影响

剧烈运动抑制脂肪组织的分解，在低强度运动（25%最大吸氧量运动）中，脂肪组织的分解受到强烈刺激，血浆游离脂肪酸进入血浆并氧化供能是最多的，随着运动强度的增加，脂肪酸氧化供能逐渐下降，但脂肪在 65%最大吸氧量的运动强度时氧化率最高，随着运动强度增加到 85%最大吸氧量运动时，脂肪氧化减少。由于脂肪动员达到最大反应速度需 30~60 分钟，所以，要有效的消耗肌体储存的脂肪，应选择时间为 30~60 分钟以上的中等强度的运动。

(2) 肉碱对脂肪代谢的影响

游离脂肪酸指从骨骼肌细胞质进入线粒体分解需要肉碱的转运系统。肉碱可以促进游离脂肪酸转移进入线粒体进行氧化代谢。

(3) 氧供应量对脂肪代谢的影响

肌肉中氧供应量充分时，利用游离脂肪酸供能比例增高，且会抑制肌肉摄取葡萄糖，从而减少糖的利用。

(4) 运动员的脂肪需要量

一般成年男子体脂含量约占体重的 14%~16%，女子稍高，占体重的 24%~28%。人体内脂肪的含量受营养状态和活动量等的影响很大。

运动员膳食中，脂肪的供给量一般应占总能量的 30%左右，脂肪的摄取量按每千克体重 15 克为宜，应多用植物性脂肪和磷脂（大豆中含量高），动物性脂肪不宜超过总能量的 10%。

三、蛋白质

1. 蛋白质的组成和分类

蛋白质是以氨基酸为组成单位、由肽键相连的具有稳定空间结构的生物大分子，是由碳（C）、氢（H）、氧（O）和氮（N）四种基本元素组成的。某些复杂的蛋白质还含有硫，有的还含有铜、铁、锌等金属元素。组成蛋白质的基本单位是氨基酸。

目前发现组成蛋白质的氨基酸有 20 多种，其中有 8 种人体不能合成，通过食物来满足机体对它们的需要，称为必需氨基酸。食物中含必需氨基酸越多，其营养价值就越高。将谷类食品和豆类食品同时混合食用，其所含的氨基酸就能互相补充，满足人体的需要，提高食物的营养价值，这一作用叫做蛋白质的互补作用。互补的几种食物最好同时食用，这样必需氨基酸可同时被吸收利用。如果几种食物分别食用时间相隔过长，则不能起到互补作用。不同种类蛋白质含量差异较大，一般来说大豆含量最高，肉类次之，再次为谷类，蔬菜水果最少。

2. 蛋白质的生理功能

(1) 构成和修补机体组织

蛋白质是细胞的主要组成成分，占细胞内固体成分的80%以上。肌肉、血液中的血红蛋白、腱、骨、软骨等都由蛋白质组成。体内代谢与破损的组织也必须由蛋白质修复，因此，蛋白质具有维持组织的生长、更新和修复的功能。

(2) 保持 PH 值平衡和维持机体的渗透压

蛋白质是体内缓冲体系的组成成分，有利于维持酸碱平衡，而血浆蛋白质在维持机体的渗透压方面具有一定的作用。

(3) 催化功能

目前发现的1000余种酶的化学本质都是蛋白质。生物体内的反应几乎都是在酶的催化下进行的，由于酶的存在，使许多在一般化学条件下难以发生的反应在生物体内却很容易进行。

(4) 免疫功能

在生物体内存在有一类可以防御异体侵入功能的蛋白质，如各种免疫球蛋白，它能识别外源物质如病毒、细菌和异种蛋白等，并能与之结合，使这些异体物失去活性，这样可以防御各种疾病发生。血纤蛋白原是另外一类具有保护功能的物质，它在动物体皮肤破损时，可以迅速转变成血纤蛋白，封堵伤口，防止液体大量流失和异体物质侵入。

(5) 激素功能

蛋白质类激素是动物体内一类重要的激素，它们对生物体的生理活动起着调节控制作用，如胰岛素可以降低血糖。胰高血糖素可以促进糖原分解和糖异生作用，提高血糖浓度。

(6) 传递信息功能

存在于细胞膜上的蛋白质、多肽激素受体，以及存在于细胞内的固醇类激素受体等，它们的化学本质都是蛋白质。它们可以专一性接受某种激素的作用，并将其信息朝一定的方向传递，以控制细胞内酶的活性或酶的数量，进而达到对生理活动的调节。

3. 运动员对蛋白质的需要量

食物中蛋白质的主要作用是用来建造人体自身组织的，人体对蛋白质的需要量是随年龄、性别、不同运动项目、运动量和身体状况的不同而异。一般成人蛋白质需要量每日为 1.2~1.5 克/千克体重，每日蛋白质供给量应占总能量的 20%~30%。

4. 蛋白质补充

蛋白质是构成人体神经、肌肉、内脏、血液和骨骼等器官的主要物质，蛋白质约占人体重量的 18%，相当于人体干重的 42%~45%。因为体内各种组织总是不断地更新，平均每天约有 3%的蛋白质被更新，故需要通过膳食进行补充。

长时间运动会耗尽身体内的糖类储备，这个时候会分解体内的蛋白质作为能量来源，而赛后身体更加需要蛋白质来修复损耗的肌肉组织。蛋白质的补充可选择支链氨基酸（BCAA）、谷氨酰胺和增肌粉等氨基酸和蛋白质补剂。

此外，由于大豆蛋白有少量异黄酮，具有弱雌激素活性，称植物性雌激素，可用于防治骨质疏松和改善更年期综合症。

第二节　运动与维生素

维生素（Vitamin）也称维他命。它是维持人体正常代谢所必需的营养素，由于人体不能合成或合成量不足，大多需要从食物中补充，维生素不能提供能量，也不是机体的构成物质，维生素占机体比重很小，但其生理功能极为重要，当机体缺乏某种维生素时，就会引起代谢紊乱，出现相应病理症状。维生素按其溶解性分为两大类：脂溶性维生素和水溶性维生素。

一、脂溶性维生素

1. 维生素 A

维生素 A 又名视黄醇，其生理功能有：维持视觉功能；参与组织间质的合成，促进生长发育，如有助于骨骼、牙齿、头发的生长；对细胞起粘合与保护作用；增强免疫力，预防皮肤癌的发生。视网膜上感光物质视紫红质是由维生素 A 和视蛋白结合而成，具有感受弱光作用，维生素 A 缺乏会引起视紫红质合成不足，暗适应机能减退而形成夜盲症。维生素 A 存在于动物性食物中，动物肝脏、鱼肝油、蛋黄、奶制品等含量丰富。植物性食物一般含量较少，只含有维生素 A 原（胡萝卜素），主要食物有胡萝卜、番茄、菠菜、南瓜等。

2. 维生素 D

维生素 D 的主要功能是调节人体钙磷代谢，促进钙的吸收，增强骨与软骨的正常生长，促进牙齿的正常发育，抗疲劳。当维生素 D 缺乏时，会出现骨质疏松、牙齿松落，婴儿可引起佝偻病等缺钙现象。另外，它具有类似激素的功能，不管是神经系统、循环系统还是免疫系统的改善，都离不开维生素 D 的参与。维生素 D 包括维生素 D2、D3、D4 和 D5。在食物中，鱼肝油中的含量最多，其次是鲔鱼、鲑鱼等，动物肝脏、蛋黄、牛奶、奶油中含量较少，豆类、蔬菜中则完全没有。经常接触阳光的人，其皮肤中的 7—脱氢胆固醇所转化的维生素 D 足以满足身体的需求，一般不发生维生素 D 缺乏症。建议青少年、孕妇以及维生素 D 缺乏者，多参加户外活动。

3. 维生素 E

维生素 E 又名生育酚，能调节激素，提高生育能力。维生素 E 同维生素 A、维生素 C 并称“防癌三剑客”，维生素 E 分子中含有一个羟基，在与有机自由基作用时，可接受一个质子，使自由基转变为有机过氧化物，其本身变为不活泼的自由基，从而减少自由基对机体的毒害。维生素 E 有极强的抗氧化作用，能保护不饱和脂肪酸免于氧化破坏，防止红细胞破裂所造成的溶血，具有保护细胞、改善心血管功能，增强机体抵抗力，减缓机体衰老的功效。另外对人体动脉硬化、癌症、白内障也有积极的预防作用。食物来源：维生素 E 在胚芽、豆类、蔬菜、糙米、核桃、芝麻、花生中含量较多。

二、水溶性维生素

1. 维生素 B

维生素 B 分为 B1、B2、B3、B5、B6、B12、B15、B17 等。下面分别介绍它们的生理功能、缺乏症及来源。

(1) 维生素 B1

维生素 B1 在体内以焦磷酸硫胺素形式存在，主要功用是促进糖类代谢。维生素 B1 缺乏时，体内焦磷酸硫胺素不足，丙酮酸氧化受阻，糖代谢过程出现障碍，丙酮酸及乳酸在神经组织中蓄积，造成神经组织能量供给功能障碍。此时，乳酸无法转成肝糖，只能聚积于肌肉当中，从而引起肌肉酸痛。所以，维生素 B1 对神经组织和精神状态均有所帮助，一旦缺乏，就会出现神经性疾病，疲倦、脚气病、手脚麻木、浮肿等，严重时还会使人体机能遭受严重影响，如心肌营养代谢失调，心脏机能下降，从而危及人体健康。食物中以酵母菌的含量最多，谷类外皮、胚芽以及肉类中含量较多，如：小麦、大米、猪肉、黄豆、花生、芹菜、茄子等黄绿色蔬菜的含量均较丰富。

(2) 维生素 B2

维生素 B2 的分子易进行可逆的加氢与脱氢作用，在体内构成多种呼吸酶的辅酶成分，与生物细胞内呼吸过程关系密切。运动员缺乏维生素 B2 时，直接影响肌肉有氧代谢能力，耐力下降。动物肝脏、牛奶、酵母、乳酪、菠菜、韭菜等都是富含维生素 B2 的食物。

(3) 维生素 B3

维生素 B3（VPP）的主要功能是促进人体新陈代谢过程，

维护机体神经系统的健康以及维持人脑机能。缺乏时，可引起癞皮病，舌苔泛白，舌尖泛红有疼痛感，肠胃不适、腹泻、失眠、头痛、焦躁等症状。维生素 B3 对神经官能症、神经衰弱及“考试综合症”的防治具有一定疗效。另外，实验还发现，维生素 B3 对降低胆固醇有良好功效。

(4) 维生素 B5

维生素 B5 包括烟酸和烟酰胺。烟酸可供血管扩张，使皮肤发赤，烟酰胺则是构成脱氢酶的辅酶（烟酰胺腺嘌呤二核苷酸和烟酰胺腺嘌呤二核苷酸磷酸）主要成分，参与生物氧化过程的递氢作用，以维护皮肤及神经系统的健康。它可促进粘膜皮肤和头发组织的活力，刺激细胞再生，帮助伤口愈合。维生素 B5 缺乏可引起皮炎，腹泻和神经症状。

(5) 维生素 B6

维生素 B6 在体内经磷酸化后转变为磷酸吡哆醛及磷酸吡哆胺。它既是氨基酸转氨酶的辅酶，又是某些氨基酸脱羧酶及半胱氨基酸脱硫酸的辅酶，参与氨基酸分解代谢和脂肪代谢。通常维生素 B6 被视为一种镇静剂，它是蛋白质代谢时必备的营养成分，可帮助人体排除有害物质。它与运动能力特别是力量素质有关。一般食物，如肝脏、肾脏、牛奶、酵母均含有丰富的 VB6。另外，人体的肠道内细菌也能自行合成部分维生素 B6，建议成人摄取量为 2~2.2 毫克。

(6) 维生素 B12

维生素 B12 和叶酸都是制造红血球、脊髓、神经系统和消化器官细胞不可或缺的营养素。维生素 B12 还参与丙酸代谢，并与核酸代谢关系密切，促进红细胞成熟；参与胆碱合成，增加叶酸的利用率，影响核酸和蛋白质的生物合成。维生素 B12 经人体小肠吸收，发酵食品中含量很高，动物肝、肾组织及肉类中含量较丰富。

2. 维生素 C

维生素 C 是维生素家族中需要量最大的一类，维生素 C 又称抗坏血酸，参与氧化还原作用，保护含巯基酶的活性，保护维生素 A、维生素 E 以及必需脂肪酸免受氧化，清除自由基和有些化学物质对机体的毒害，还可使三价铁还原成二价铁，从而有利于铁的吸收和利用。维生素 C 参与胶原蛋白合成所需的羟化酶组成，而胶原蛋白是细胞间质的重要成分，维持着人体结缔组织及细胞间质结构和功能的完整性。提高应激能力，维生素 C 还参与甲状腺素、肾上腺皮质激素和 5—羟色胺等激素和神经递质的合成与释放，可提高人体应激能力和对寒冷的耐受力。维生素 C 参与肝中胆固醇的羟化作用，以形成胆酸，从而降低血胆固醇。增强机体免疫力和抗癌作用，维生素 C 能刺激机体产生干扰素，增强抗病毒能力，抗坏血酸还能阻止一些致癌物的形成，例如其能与胺竞争亚硝酸盐，因而阻止致癌物亚硝胺的产生。维生素 C 可加速肌肉中磷酸肌酸与糖原的合成，促进乳酸的消除，减少运动时的氧债，缩短恢复时间，有提高运动能力、减轻疲劳的作用，所以这一点对运动员非常有意义。

当维生素 C 缺乏时，将影响胶原蛋白合成，造成创伤愈合迟缓、微血管脆弱而产生不同程度的出血。维生素 C 缺乏时，体内胶原不足，血管壁脆性增加，易出现乌青瘀血或牙龈出血，即所谓的坏血病。严重者可导致全身内出血和心脏衰竭。

维生素 C 正常情况下每日供给量成人约 100 毫克。人体无法自行合成维生素 C，完全依赖食物供给。食物方面有新鲜蔬菜和水果如青椒、菜花、油菜、菠菜、大枣、桔子、柠檬、石榴等。

第三节　运动与无机盐

一、人体无机盐组成及其生理功能

存在于人体的各种元素中，除碳、氢、氧和氮主要以有机化合物形式出现外，其余各种元素，无论其含量多少，可统称为无机盐。日需要量大于 100 毫克的元素称为宏量元素，小于 100 毫克的称为微量元素。

由于新陈代谢，每天都有一定数量的无机盐从各种途径排出体外，因而有必要通过膳食予以补充。无机盐在食物中分布很广，一般都能满足机体需要；从实用营养的观点看，比较容易缺乏的无机元素只有钙、铁、锌和碘，特别是对正在生长发育的儿童、青少年、孕妇和乳母，钙、铁或碘的缺乏较为常见。实验证明，体育运动使体内无机盐的代谢和需要量发生变化，因此，我们可根据体内无机盐代谢的变化情况，来评定运动员的训练效果。

二、宏量元素

1. 钙的含量、吸收与分布

成人体内含钙总量为 1000~1200 克，为体重的 1.5%~2%，其中约 99%的钙集中于骨骼和牙齿中，存在的形式主要为羟磷灰石，约 1%的钙以游离的或结合的离子态存在于软组织、细胞外液及血液中。

钙在人体内的分布与激素有关。维生素 D 和降钙素可以促使钙在骨中沉积，从而降低血钙；甲状旁腺素可使骨中的钙游离入血，使血钙升高，从而使体内钙的分布处于动态平衡。血液中钙的浓度为 10 毫克/100 毫升。雌激素的分泌减少可导致骨质钙丢失的加速，最终可导致骨质疏松。

2. 生理功能

①骨骼和牙齿的主要组成成分：钙以羟磷灰石的形式构成骨骼，以磷酸钙的形式构成牙齿的主要结构。

②参与信号的传递，维持神经、肌肉细胞的兴奋性。

③在肌肉收缩过程中，钙离子与肌原蛋白 C 结合，使后者构型改变，引发一系列的改变，表现出肌肉收缩的现象。

3. 钙与运动的关系

①参与骨骼的构成，调节神经、肌肉组织的能量代谢，触发肌肉收缩和神经兴奋以及参与多种酶类的激活作用。

②体育活动改善了骨代谢，骨质和无机盐含量增加，这就说明了运动员与从事体育活动较少的人相比，需要较多的钙。

③运动员比体力活动较少的人，每天需增加补钙约 200 毫克。对于正处骨骼发育的少年运动员，补充足够的钙更为重要。

三、磷

1. 磷的吸收与分布

游离的磷酸盐在小肠的空肠段被吸收，其吸收过程与钙密切相关，钙磷的吸收有一个固定的比例，当食物中二者含量比例不适宜时，过多的一种便随粪便排出。钙磷的吸收与代谢都由维生素 D 和甲状旁腺素调节，这样才能以恒定的比例存在于血清中。

人体中的磷大部分存在于骨骼和牙齿之中，大约有 10%的磷与蛋白质、脂肪结合形成磷蛋白、磷脂及磷酸盐的形式存在于细胞内及血液中。血磷浓度的正常范围成人为 3~4.5 毫克/100 毫升血液，儿童为 4~7 毫克/100 毫升血液。

2. 生理功能

①磷和钙都是骨骼的重要构成材料。正常人骨骼中含磷总量为 600~900 克，约占体内含磷总量的 80%。

②磷是构成组织细胞中很多重要成分的原料，如核酸、磷脂和某些辅酶等。

③磷还参与许多重要生化反应生理功能，如碳水化物和脂肪的吸收和中间代谢都需要有磷酸化合物存在。

④三磷酸腺苷（ATP）和磷酸肌酸（CP）中的磷具有储存和转移能量的作用。

⑤尿中磷酸盐排出的数量和形式有助于机体酸碱平衡的调节。

四、钠

1. 钠的吸收与分布

成人体内含钠总量为每千克体重约 1 克，其中有 50%存在于细胞外液（如血液、淋巴液和消化液等）中，40%~45%

存在于骨骼中，其余10%存在于细胞内。血液中钠的浓度为310~340毫克/100毫升。钠在肠道中易被吸收，体内仅有5%的钠通过粪便排出体外，其余的主要经肾脏排出。

2. 生理功能

①维持体液平衡与酸碱平衡。钠是细胞外液中主要的阳离子，它在维持渗透压和体液平衡方面起着重要作用。

②维持机体酸碱平衡，参与碳酸氢钠、磷酸氢钠缓冲系统的形成，它们在维持机体酸碱平衡方面起着重要作用。

③维持细胞膜的通透性。在许多物质通过细胞膜的转运过程中，钠离子起着重要作用，通过钠的作用，保证了细胞与外界进行物质交换的正常进行。

④维持神经肌肉的应激性。钠离子在神经传导兴奋过程中起着重要作用，钠维持神经肌肉的正常兴奋性。

缺乏时肌肉会出现软弱无力、食欲减退、恶心、呕吐、头痛、腿痛和肌肉痉挛等症状。在常温下运动训练时，运动员一般不会缺乏氯化钠，只有在高气温环境下进行大强度训练时，可随汗液丢失大量氯化钠。据报道，在气温为25~35℃时进行长跑训练，运动中氯化钠的丢失量可达24.77±2.31克，必须注意补充。

五、钾

1. 钾的吸收与分布

人体内钾的含量约为钠的2倍，98%的钾分布于细胞内液，钾离子是细胞内液中主要的阳离子，2%分布于细胞外液中，这一小部分钾对肌肉的活性有重要的作用。血钾的正常浓度为14~20毫克/100毫升血液。食物中的钾在小肠内易被吸收，经粪便排出甚微，钾主要经肾脏排泄，通常每日经肾脏排出的钾约为160毫克。当体内钾的含量不足时，肾脏排钾量可以减少。

2. 生理功能

①调节体液的电解质和酸碱平衡。

②维持神经肌肉的兴奋性，并参与调节心肌的收缩过程。

③参与体内糖和蛋白质的合成代谢。

当葡萄糖由细胞外液向细胞内转移时需要钾参与，每合成1克糖原，需要6毫克钾。在细胞内合成蛋白质的过程中，需要钾参与。每合成1克蛋白质约需18毫克钾。当糖原和蛋白质的合成代谢增强时，钾的供给量也应增多。

六、微量元素

1. 铁

(1) 铁的含量、分布与吸收

成人体内含铁4~5克，65%~70%存在于血红蛋白（Hb）中运输氧气，3%以肌红蛋白（Mb）贮存氧气，供肌细胞利用，0.2%以其他化合物形式存在，包括细胞色素氧化酶、过氧化氢酶和过氧化物酶等在内。其余则为储备铁，储备铁主要以铁蛋白形式储存于肝脏、脾脏和骨髓的网状内皮系统中。

铁的吸收主要在小肠上部。首先是食物铁被胃酸作用释放出亚铁离子，然后与肠内食物中的维生素C、某些糖及氨基酸形成络合物；这些络合物在十二指肠及空肠的碱性溶液中仍能维持溶解状态，有利于吸收。被吸收入肠黏膜细胞中的铁首先与一种称为脱铁铁蛋白的黏膜受体结合，形成储存形式的铁蛋白并保留在黏膜细胞中。当身体失血后补偿或红细胞进行再生时，铁又将从铁蛋白中释出，与另一种称为铁传递蛋白的β1-球蛋白结合而被带入血循环，输送到需要铁的组织中去。

(2) 生理功能

①铁参与血红蛋白和肌红蛋白的组成，在氧和二氧化碳的运输和利用中起重要作用。缺铁严重时，可造成血红蛋白合成下降，出现缺铁或营养性贫血。

②铁是部分酶的构成成分，如 NADH 脱氢酶和琥珀酸脱氢酶等中含有铁，在氧化还原反应中发挥作用。

③铁与机体的免疫功能有关。缺铁使体液免疫和细胞免疫功能都受到不同程度的损害，使机体容易发生感染。

④铁是一些参与能量代谢和体温调节的辅助因子，缺铁将引起这些酶的生理作用发生改变。

2. 碘

(1) 生理功能

碘的主要功能是参与甲状腺素的构成。成人体内含碘 20~50 毫克，20%在甲状腺中。健康成人的甲状腺含碘约 8 毫克，而地方性甲状腺肿患者可降至 1 毫克以下。

(2) 供给量

成年男子碘的每日供给量为 130~140 微克；成年女子为 100 微克；孕妇为 125 微克；一般认为成人每日能摄入 100~200 微克的碘，即能满足生理需要。但对强度体力劳动、孕妇、乳母以及正在生长发育的青少年，每日供给量应予适当增加。

3. 锌

(1) 生理功能

①锌是很多金属酶的组成成分或酶的激活剂。

②锌与核糖核酸、脱氧核糖核酸和蛋白质的生物合成有密切联系。

③唾液中的锌蛋白对味觉和食欲有促进作用，缺锌则味觉迟钝，食欲减退。

④锌可促进性器官正常发育和性机能正常，锌有益于皮肤健康，还可增强人体免疫机能，参与维生素 A 还原酶和视黄醇的结合蛋白的合成。

(2) 锌与运动能力的关系

锌可影响骨骼肌蛋白质和脱氧核糖核酸合成，影响骨骼肌的生长，影响能量代谢及酸碱平衡等，从而对运动产生直接影响。

锌还可能通过锌酶系统影响雄性激素的合成与分泌，进而通过促进骨骼肌蛋白质合成、肌纤维粗大、维持竞争性意识等影响运动能力。

锌还是超氧化物歧化酶（SOD）的重要组成成分，该酶可有效的解除超氧阴离子自由基的毒性，可保护细胞，尤其是使红细胞免遭伤害，可维持巯基酶的活性，从而对运动能力产生影响。

4. 铜

(1) 铜的生理功能

①铜为体内很多金属酶的组成成分，如血浆铜蓝蛋白、细胞色素 C 氧化酶、超氧化物歧化酶（SOD）和酪氨酸酶等。

②血浆铜蓝蛋白是一种多功能氧化酶，其重要作用之一是催化 Fe^{2+}氧化成为 Fe^{3+}，从而有利于体内储备铁的动用和食物中的铁吸收。

③Cu-SOD 主要存在于红细胞、肝脏及脑组织中，也可消除超氧阴离子自由基对机体的毒性。铜能促进红细胞的成熟与血红蛋白的合成。铜作为赖氨酸氧化酶的组成部分可促进骨骼、血管、皮肤中胶原蛋白的相互交联。铜参与一些氧化酶的催化过程，对保持神经系统的正常功能起重要作用。酪氨酸氧化酶和硫氢基氧化酶也是铜酶，缺铜可引起毛发脱色、角化和卷曲。铜还能加速过氧化物分解，对胆固醇代谢、机体防御机能、激素分泌等过程均有影响。

(2) 需要量和食物来源

我国参照美国标准建议人体对铜的需要量，成人每日为 1.4~3 毫克，儿童每日为 0.4~1.5 毫克。

铜在食物中分布广泛，含铜较多的食物有：动物肝、肉类、海产食物、粗制谷物食品、荚豆以及核桃、板栗等坚果。此外，应用铜炊具烹调食物也是机体铜的重要来源。

5. 硒

(1) 生理功能

动物实验证明硒是一种生理必需的微量元素，不能由其他具有类似功能的营养素如维生素 E 来代替。

①抗氧化作用。硒是一些抗氧化酶如谷胱甘肽过氧化物酶的构成成分，可消除自由基，阻止其损伤，保护机体。

②参与甲状腺激素代谢。硒作为 I 型、II 型和 III 型脱碘酶的组成成分，参与甲状腺激素的代谢。

③参与免疫反应。通过谷胱甘肽过氧化物酶和硫氧还蛋白

还原酶的酶活性调节免疫细胞的功能，对防止克山病和大骨节病有一定作用；抗肿瘤作用；机体缺硒，可引起体重下降、毛发稀少，甚至死亡；硒还与视力、神经传导和心血管结构功能有关。

(2) 需要量与食物来源

硒的供给量，国外根据动物试验和人体代谢试验推断每人每日 20 微克到 50 微克不等，我国根据防治克山病所需的硒摄入量提出成年人最低需要量为每日 40 微克。硒主要来源于海产品、肝、肾、瘦肉、谷类食品以及蔬菜等。

第四节　运动与水

一、水的生理功能

一个水分子是由一个氧原子和两个氢原子组成，化学结构为 H_2O。水参与机体所有重要的生命过程，水是非常重要的营养素。大约机体的 60%~70%是由水构成的。对体育锻炼参加者来说，血液含水 90%，肌肉含水 70%，骨骼含水 22%。人若失去 5%的机体水，将导致疲劳、乏力和注意力不集中，若失去 15%的机体水可能导致死亡。水是良好的溶剂，食物的消化吸收、造血和生物氧化及排泄废物等都需要水。水还对维持体温、运输物质及腺体分泌起重要作用。水存在于所有食物中，正常情况下，人体每天大约需要饮用 8~10 杯水。

二、饮水量及饮用方式

一般每人每天需水量为 2000~2500 毫升，运动员要根据年龄、气候和运动强度等来定。一般饮用方式是：

运动前：饮水 300~500 毫升，保证运动员体内有充足的水分储备。

运动中：每 10~15 分钟间断补充 200~300 毫升的水。

运动后：少量多次为原则，1 小时不宜超过 800 毫升，水温根据气温定，一般较凉的补液易被人体吸收。在剧烈运动后立即大量补水是不科学的，尤其是运动后饮用碳酸饮料更不值得提倡。那么，如何才是运动后正确的喝水方法呢？在喝水的时候不要喝得过猛，第一口水漱口后吐出，之后再缓慢喝下。饮料喝法也是一样但尽量避免喝碳酸饮料。这样做不但可以很快就能解渴，而且能有效地控制自身的饮水量，有效地避免人在运动后喝水的腹胀与疲惫感。

第五节　运动与食物纤维

一、食物纤维的组成与分类

食物纤维是含于各种食物中不能被人体消化的成分。食物纤维从口进入人体，这一点与蛋白质、脂质、糖质等营养素一样。但它经过食道、胃肠等消化器官，却不会被消化吸收，最后作为粪便的主要材料被排出体外。食物纤维多含于植物性食品与一部分动物性食品中，分为不易溶于水的非水溶性纤维与易溶于水的水溶性纤维两种。

1. 非水溶性食物纤维

非水溶性食物纤维包括形成植物细胞壁的纤维素或半纤维

素、木质素、果胶以及虾、螃蟹等甲壳类表皮含有的壳质。

2. 水溶性食物纤维

水溶性食物纤维是植物细胞内储藏的物质或分泌物，包括含于果物中的水溶性果胶、作为乳化剂或安定剂的植物橡胶或黏着物、海藻多糖类等。

二、食物纤维的功能

纤维素不但是最佳减肥食物而且具有保健功效。食物纤维具有含水膨胀、增加便量、刺激肠壁、促进排泄的功效，因而能将致癌物质随粪便排出体外，从而降低患癌的风险。促发大肠癌的次级胆汁酸在摄取脂肪时会大量分泌，而食物纤维能够促进次级胆汁酸排出体外。因此吃肉食时，同时摄入富含食物纤维的食物就很重要。食物纤维的摄取要求为每千卡能量摄取 10 克即可。成人一天需摄取 20~25 克的食物纤维。

三、食物纤维的来源

富含食物纤维的食品在日常生活中较常见，作为食物纤维供给来源的主要是各种谷类、薯类、豆类、蔬菜、果实、蘑菇和海藻类，尤其是糙米、大麦、小麦等壳物的外皮，含大量的食物纤维，但在精制过程中，多已去掉外皮，不再像以前那样是食物纤维主要的供给来源。大麦与小麦的全粒粉、糙米或玉米片、燕麦片等含有许多谷类胚芽或麦糠的食品，都可以提供较多的食物纤维。

四、食物纤维在运动人群中的应用

①运动减肥人群：吃高纤维的食物需要排空的时间较长，纤维减少了食物能量密度，减少了食物消化量。另外，膳食纤维具有较强的吸水膨胀功能，易产生饱腹感，能较好地调节减肥功能。

②需要减轻和控制体重的运动员：举重、健美、摔跤、柔道、跆拳道等不同体重级别比赛的项目和体操、跳水、花样滑冰等灵敏性、技巧类项目的运动员在饮食中，注重膳食纤维的摄入量，对体重的控制或减轻作用显著。

第九章　运动员的合理膳食

合理膳食是一个非常重要的问题。大众健身饮食是以保证身体健康为标准的，健美运动员对于饮食的要求就同我们日常的饮食有较大区别，他们消耗巨大，渴望肌肉增长。许多健美专家都说："健美七分靠吃，三分靠练!"因此，如何合理安排营养摄入，是至关重要的。

第一节　健康膳食

健康膳食又称平衡膳食。健康膳食是指膳食中所含营养素种类齐全，数量充足，比例合理，且与人体的需要保持平衡。健康膳食的目的是促进人体正常发育，确保各组织器官和机能的正常活动，提高人体对疾病的抵抗力，进而提高工作效率，延长寿命。

一、国外膳食结构类型

1. 平衡膳食型

平衡膳食型也称日本模式，主要分布在以日本为代表的一些国家和地区。该膳食结构既继承了以粮谷为主食的东方膳食传统，又吸取了欧美国家膳食注重动物性食物的长处。其特点是以植物性食物为主，以动物性食物为辅，热能、蛋白质、脂肪摄入均衡。这些国家食品资源丰富，经济较发达，国民的健康水平较高，人均年摄取粮食达 110 公斤，动物性食物达 135 公斤左右，基本属平衡膳食。第二次世界大战后，日本高度重视国民营养，自 1945 年起，先后制定了《营养师章程》《营养法》《学生午餐法》等，使国民素质明显提高。20 世纪 50 年代，日本 14 岁男童身高仅为 147.3 厘米，30 年后已提高到 163.4 厘米，其国民平均寿命亦为世界之首。

2. 热能与蛋白质过剩型

热能与蛋白质过剩型也称经济发达国家模式。这种膳食结构主要分布在北美及欧洲，其特点是“三高一低”，高热能、高蛋白、高脂肪、低植物性食物。每人每日摄入的热能和蛋白质大大超过正常的每日需要量。其中肉、蛋、奶类食品年人均消费 270 公斤以上，而粮谷的消费在 60~70 公斤，出现严重的营养过剩，高脂血症、高血压和糖尿病等的发病率也明显增高。

3. 热能与蛋白质不足型

该型称发展中国家模式，多分布在发展中国家的贫困地区。膳食结构的特点是热能基本满足需要，主要以植物性食物为主，尤其是以谷类和薯类为主，食物质量不高，动物食品不足，蛋白质、脂肪均不足。有的国家年人均消费谷类与薯类达 200 公斤，而肉蛋鱼不过 5 公斤，动物性蛋白仅占蛋白总量的五分之一左右。居民中存在营养不良、贫血或多种营养素缺乏症，主要是蛋白质不足以及健康状况较差、体质低下和劳动力降低等。

二、我国的膳食结构现状

近年来随着我国经济的发展，人们的生活水平不断提高，膳食结构也在发生变化。就全国范围来讲，热能已达供给量标准，但膳食结构中仍以谷类为主，占60%~80%，蔬菜占20%~30%，肉类每人年平均10~30公斤，蛋类5~10公斤，鱼类极不平衡，养鱼地区每人年均10~20公斤。奶制品仍较紧张，豆类有较大增长，城乡食物消费有很大差别。纵观以上食物结构，在营养素供给方面，存在以下特点和缺陷：糖的摄入量偏高，其供给热能占总热量的80%。蛋白质摄入量平均为70克，其中近90%为植物蛋白。由于动物性食物少，食用油供给量低，贫困地区脂肪摄入量低。维生素A仍主要依靠绿叶蔬菜中的胡萝卜素供给。维生素B2摄入量仅达供给量标准的一半，维生素C也有季节性缺乏。缺钙和维生素D引起的佝偻病和缺铁性贫血的发病率仍较高。碘、锌、硒等微量元素也存在摄入不足的情况。另一方面，在大城市居民中热能摄入过多，动物性脂肪量已超过总热能的30%。由于膳食不平衡所形成的与营养失调有关的疾病，如心脑血管病和恶性肿瘤已上升为死因的前两位。超体重也已成为我国经济发达地区的现实营养问题。所以，应在全社会普及营养知识，加强合理营养的指导工作。

我国小康水平的食物结构的主要内容是：人均每年食物消费量：口粮213公斤（原粮），豆类8公斤，肉类25公斤，蛋类10公斤，水产品9公斤，奶类6公斤，食用植物油8公斤，食糖8公斤，水果23公斤，蔬菜120公斤。

三、平衡膳食金字塔

所谓平衡膳食是指膳食中的营养素能够满足人体的需要，既不缺乏，又不过剩。食物金字塔是将平衡膳食的原则用金字塔形状来表示。其主要内容是根据五大类食物摄入量相应填入“金字塔”中。中国营养学会于1998年首次颁布了适合我国国情的膳食指南金字塔，见图9–1。

第一层：谷类、薯类及杂豆类食物。谷类包括小麦面粉、大米、玉米、高粱及其制品等；薯类包括红薯、马铃薯等；杂豆包括除大豆以外的其他干豆类，如红小豆、绿豆、芸豆等。建议摄入50~100克，每周4~7次，建议量是以原料的生重计算。谷类、薯类及杂豆类食物的选择应注意遵循多样化、粗细搭配、适量选择的原则。

第二层：蔬菜、水果类。蔬菜每日建议摄入300~500克，深色蔬菜最好占一半以上。深色蔬菜是指：深绿色、深黄色、紫色、红色等颜色深的蔬菜。建议每天吃新鲜水果200~400克。

第三层：肉类、水产品类、蛋类。肉类每天摄入50~75克，水产品建议每天摄入50~100克，蛋

图9–1　中国居民平衡膳食宝塔

类建议每天摄入25~50克（相当于半个或1个鸡蛋）。

第四层：乳类及大豆坚果类。乳类建议每天摄入300克的液态奶，建议每天摄入30~50克大豆（其中包括5~10克坚果类食物）。坚果类食物可以选择花生、瓜子、核桃、杏仁、榛子。

第五层：烹调油、盐类。建议每天摄入烹调油不超过25~30克，食盐每天不超过6克。

膳食宝塔没有建议食糖的摄入量，因为我国居民现在平均吃糖的量还不多，对健康的影响还不大。但多吃糖会增加龋齿的风险，尤其是儿童、青少年不应吃太多的糖和含糖高的食品及饮料。新膳食宝塔增加了水和身体活动的影响，强调足量饮水和增加身体活动的重要性。

四、中国居民科学膳食

中国营养学会根据我国近年营养学的发展和实际情况，并借鉴国外的经验提出了现行的我国膳食指南，它强调合理营养、平衡膳食和促进健康，记住饮食八要诀：食物多样，谷类为主；多吃蔬菜、水果和薯类；常吃奶类、豆类或其制品；经常吃适量鱼、禽、瘦肉，少吃肥肉和荤油；食量与体力活动要平衡，保持适宜体重；吃清淡、少盐的膳食；饮酒应限量；吃清洁卫生不变质的食物。

中国传统烹调中讲究色香味，其实在膳食中合理选择营养素是重要的，以下我们就此提出一些指导性建议，并解释如何评价自己的膳食结构，以促进科学饮食的形成。

1. 食物多样、谷类为主

人的食物是多种多样的，各种食物所含的营养成分不尽相同。除母乳外，任何天然食物都不能提供人体所需的全部营养素。平衡膳食必须由多种食物组成，才能满足需要，达到合理营养、促进健康的目的。多种食物包括以下五大类：①谷类及薯类：包括米面杂粮，薯类包括马铃薯、甘薯、木薯等，主要提供糖、蛋白质、膳食纤维及 B 族维生素；②动物性食物：包括肉、禽、鱼、奶、蛋等，主要提供蛋白质、脂肪、矿物质、维生素 A 和 B 族维生素；③豆类及其制品，主要提供蛋白质、脂肪、膳食纤维、矿物质和 B 族维生素；④蔬菜水果类：包括鲜豆、根茎、叶菜、茄果等，主要提供膳食纤维、矿物质、维生素 C 和胡萝卜素；⑤纯热能食物：包括动植物油、淀粉、食用糖和酒类，主要提供能量。植物油还可提供维生素 E 和必需脂肪酸。

2. 多吃蔬菜、水果和薯类

蔬菜与水果含有丰富的维生素、矿物质和膳食纤维。植物的叶、茎、花苔、茄果、鲜豆、食用蕈（xùn）藻等所含营养成分不尽相同，红、黄、绿等深色蔬菜中维生素含量超过浅色蔬菜和一般水果，它们是胡萝卜素、维生素 B2、维生素 C 和叶酸、矿物质、膳食纤维和天然抗氧化物的主要来源。有些水果维生素及一些微量元素的含量不如新鲜蔬菜，但水果含有的葡萄糖、果糖、柠檬酸、苹果酸、果胶等物质又比蔬菜丰富。红黄色水果如鲜枣、柑橘、柿子和杏等是维生素 C 和胡萝卜素的来源。

3. 每天吃奶类、豆类或其制品

奶类除富含优质蛋白和维生素外，含钙量也较高，我国膳食中钙的成分普遍偏低，平均只达到推荐量的一半。我国婴幼儿佝偻病患者较多，同膳食钙不足可能有一定联系。大量的研究工作表明，给儿童、青少年补钙可以提高其骨密度。因此，应大力发展奶类生产和消费。豆类是我国的传统食品，含丰富的优质蛋白、不饱和脂肪酸、钙及维生素等。为提高农村人口蛋白质摄入量及防止城市中过多消费肉类带来的不利影响，应大力提倡食用豆类，特别是大豆及其制品。

4. 经常吃适量鱼、禽、蛋、瘦肉，少吃肥肉和荤油

鱼、禽、蛋、瘦肉等动物性食物是优质蛋白质、脂溶性维生素和矿物质的良好来源。动物性蛋白质的氨基酸组成更适合人体需要。肉类中铁的利用较好，鱼类所含不饱和脂肪酸有降低血脂的作用。动物肝脏富含维生素 A、维生素 B12、叶酸等。但有些脏器如脑、肾等所含胆固醇相当高，对预防心血管疾病不利。我国大部分居民动物性食物的摄入量还不够，应适当增加。但部分富足人口食用动物性食物又过多，谷类和蔬菜不足，不利于健康。肥肉和荤油为高能量和高脂肪食物，摄入过多往往会引起肥胖。

5. 食量与体力活动要平衡，保持适宜体重

进食量与体力活动是控制体重的两个主要因素。食物提供人体能量，体力活动消耗能量。进食量大于活动量，多余能量就会在体内以脂肪的形式积存发胖；相反若食量不足，劳动或

运动量过大，可由于能量不足引起消瘦。所以人们需要保持补偿与消耗之间的平衡。对于脑力劳动者和活动量较少的人应加强锻炼，如慢跑、游泳等。对于消瘦的人应增加食量的摄入，以维持适宜体重。三餐分配要合理，一般早、中、晚餐的能量分别占总能量的30%、40%、30%为宜。

6. 吃清淡少盐的膳食

清淡膳食有利于健康，我国居民食盐摄入量过多，平均值是世界卫生组织建议值的两倍以上。流行病学调查表明，钠的摄入量与高血压的发病率相关，因而食盐不宜摄入过多。世界卫生组织建议每人每日食盐用量不超过6克，盐的来源除食盐外还包括酱油、咸菜、味精等高钠食品，应养成吃少盐膳食的习惯。

7. 如饮酒应限量

高度酒含能量高，几乎不含其他营养素。酗酒会使食欲下降，食物摄入减少，以致多种营养素缺乏。另外，长期饮酒会造成酒精性肝硬化。过量饮酒会增加患高血压、中风的危险，对个人健康和社会安定都是有害的。应严禁酗酒，若饮酒可少量饮用低度酒，青少年不应饮酒。

8. 吃清洁卫生、不变质的食物

在选购食物时应当选择外观好，没有污泥、杂质，没有变色、变味并符合卫生标准的食物，严把病从口入关。进餐要注意卫生条件，包括进餐环境、餐具和供餐者的健康状况，集体用餐提倡分餐制。

第二节 运动员的膳食制订

一、健美健身运动员的营养特点

1. 一般项目的营养特点

一般项目运动员蛋白质的发热量占总热量的 15%（12%~18%），脂肪占 30%（25%~35%），糖类占 55%（45%~60%）。食物要选用浓缩、发热量高、体积重量小、多样化的，肉、鱼、奶、蛋、蔬菜、水果、谷类、豆制品等要合理搭配。

运动员的基础代谢同正常人无显著差别，一般可按男 1 卡/每分，女 0.8 卡/每分计算。运动时的热能代谢，取决于运动的强度、密度和持续时间。调查资料表明，集训队运动员训练课的热能消耗量多在 1000 卡以上（540~2640 卡），为 1 日总消耗的 20%~64%，每小时的热能消耗量多在 400 卡左右（148~824 卡）。不同项目运动员集训时，1 日总的热能需要量差异范围较大，多数在 3500~4400 卡，按体重计算为 60 卡/公斤左右（44~82 卡/公斤）。

2. 健身运动的营养特点

健身运动营养的代谢特点是热能与各种营养物质的消耗；能量代谢以有氧氧化为主，健身运动时肌糖原消耗增加，蛋白质的分解加强，氨基酸转变成葡萄糖的速度加快，主要为了改善脂肪代谢，提高机体利用脂肪供能的能力，可用低热量膳食或饥饿训练等方法。此外，健身运动排汗较多，在运动中和运动后水和电解质的补充十分重要。

①需要充足的能量，保持适宜的血糖水平。碳水化合物占总能量的60%~70%；

②及时补液，预防脱水；

③注意钙、铁营养，尤其是对女运动员；

④膳食脂肪可略高于其他项目，可占总能量的30%~35%。

3. 健美运动的营养特点

健美运动要求肌肉有大的横截面积和较大的力量，同时热量消耗较大，为了发展肌肉，对蛋白质与维生素B2的需要较高，特别是在训练初期，要供给充足的蛋白质。蛋白质供给量应提高到每千克体重2克以上，其热量百分比可达1.8%左右，其中优质蛋白质不低于三分之一。为了保证神经肌肉的正常功能，钠、钾、钙、镁的补充也很重要。同时，对糖的需要也较多，应多摄取水果、蔬菜和含糖、电解质的运动饮料，增加体内碱储备。

二、膳食中热能供给标准

1. 热量

指的是由于温差的存在而导致的能量转化过程中所转移的能量，而该转化过程称为热交换或热传递。热量的公制单位为焦耳。人体的一切生命活动都需要能量，如物质代谢的合成反应、肌肉收缩、腺体分泌等。而这些能量主要来源于食物。动、植物性食物中所含的营养素可分为五大类：碳水化合物、脂类、蛋白质、矿物质和维生素，加上水则为六大类。其中，碳水化合物、脂肪和蛋白质经体内氧化可释放能量。三者统称为“产能营养素”或“热源质”。

2. 热量的单位

热量的单位：营养学中用“千卡”做热量的单位。1千卡是1000克水由15℃升高1℃所需要的热量。热量的单位与功、能量的单位相同。在国际单位制中热量的单位为焦耳（简称焦，缩写为J），推荐以千焦（kJ）或焦耳（J）标示，当以千卡（kcal）标示能量值时，应同时标示千焦（kJ）。历史上曾定义热量单位为卡路里（简称卡，缩写为cal），目前只作为能量的辅助单位。通常每克碳水化合物、脂肪、蛋白质在人体内平均可产生代谢能力分别为4千卡、9千卡、4千卡。

3. 不同人群的热能需要

(1) 不同活动强度的热能需要

中国营养学会2000年提出中国居民膳食能量参考摄入量时指出，我国运动员一日的热能需要量为2500~5000千卡，多数在每天3500~4500千卡，平均值是每天3750千卡；成年男性轻、中体力劳动者每日需要能量为2400~2700千卡；女性轻、中体力劳动者每日需要能量为2100~2300千卡，婴儿、儿童和青少年、孕妇和乳母、老年人各自的生理特点不同，能量需要也不尽相同。

(2) 年龄对于能量需要的影响

主要是由于生长发育和体力劳动的强度随年龄的增加而不同。儿童和青少年正在生长发育时期，其身高、体重和活动量皆与日俱增，所以能量的供给量应随之增高才能满足其需要。中年以后，基础代谢率逐渐下降、活动量逐渐减少，因而能量供给量可以适当减低。参照国际通用的年龄范围，以年龄20~40岁的成年人为标准。在这个年龄范围内，人体的生理状况，身体成份、体重以及劳动强度变动不大，故列为一个年龄组。年龄超过该组的能量供给量应适当减少。如41~49岁的应减少5%、50~59岁的减少10%、60~69岁的减少20%、70岁以上减少30%。

(3) 气候对能量需求影响

生长在寒冷地区的人们，对能量的需要量就比较多。冬季所需要的能量也比较多。当然，在高温环境下进行体力劳动的人也比在常温环境下工作的人需要能量多，因为机体消耗的能量多。

(4) 不同体型和体重的人群

不同体型和体重的人，其基础代谢率也不同，但平时主要是根据体重来校正能量的供给。根据我国近期的调查，暂取18~40岁的成年男子平均身高为170厘米，平均体重为60公斤；成年女子的平均身高为160厘米，平均体重为53公斤。在此平均体重值的±10%范围内，均视为正常体重。如果超重（肥胖）或低重（过瘦），就要调整能量的供给了。

(5) 健康状况不同的人群

健康的人，按中国生理科学会营养学会在1981年修订的营养素供给量标准来供给能量即可。但患病者的情况较复杂，如甲状腺机能亢进的病人，基础代谢率高、能量消耗大，营养素供给量也就要相应增加。应该在医师指导下，确定病者的能量需要量。

三、运动员的膳食制订

1. 运动员膳食指导原则

①食物多样，谷类为主，营养平衡；

②食量和运动量平衡，保持适宜体重和体质；

③多吃蔬菜、水果、薯类、豆类及其制品；

④每天喝牛奶或酸奶；

⑤肉类食物要适量，多吃水产品；

⑥注重早餐和必要的加餐；

⑦重视补液和补糖；

⑧在医学指导下合理使用营养素补充品；

⑨运动结束后不宜立即进食。运动结束后，血液主要分布在肢体皮肤血管内，内脏仍处于暂时性缺血状态。因此，运动结束后不宜立即进食，需要休息至少 40 分钟以后再进食。运动后立即进食或在进食后又洗澡，会加重胃肠道缺血。

2. 运动员的适宜食物

①主食及豆类的选择：大米、小米、小麦、燕麦、黄豆、豆制品、紫米等。

②肉蛋奶的选择：畜肉、禽肉、鱼类、水产品、鸡蛋、牛奶及奶制品等。

③蔬菜的选择：绿叶蔬菜、茄果、瓜菜、根菜、鲜豆等。

④水果的选择：柑橘类、瓜果类、仁果类等。

3. 运动员的饮食禁忌

①避免高脂肪，少食干豆、含纤维多的粗杂粮、韭菜等容易产气或延缓胃肠排空时间的食物。

②少用或不用辛辣和过甜的糖食，以预防食物对胃肠道的刺激。

③忌烟酒。

4. 运动员参考食谱

早餐：面粉、牛奶、黄豆、鸡蛋、西红柿、猪肉、芹菜、菠菜等，如豆腐脑、猪肉芹菜包子、西红柿炒鸡蛋、芝麻酱拌菠菜；点心：水果，如苹果、橘子。

午餐：粳米、猪肉、牛肉、虾、西兰花、茄子、土豆、竹笋、青菜、香菇，如：米饭、竹笋炒肉丝、土豆炖牛肉、油菜香菇、西兰花炒虾仁；点心：果汁、糕点。

晚餐：粳米、带鱼、冬瓜、紫菜，如：白粥、红烧带鱼、冬瓜紫菜汤。

5. 健美运动员参考食谱

健美运动员食谱不同于一般正常的一日三餐，改为在一天中分 5~6 餐的营养素分配，因为两餐之间间隔时间太长，就会使体内的营养供应和需要处于枯竭状态，会引起肌肉的减缩和不饱满。不但包括蛋白质、碳水化合物和脂肪，还应包括基本含量的维生素和矿物质，以及适量的补充运动营养品。应根据个人健美训练不同阶段、不同的训练水平、训练强度、恢复能力训练周期和能提供的营养条件来合理安排，要因人而异，科学运用。

例如在平时训练周期中，一天分六餐，训练时间安排在下午五点，如果训练时间有变更，用餐安排和营养素的分配，可适当调整。

①第一餐上午 7 点早餐：一般把早餐安排在晨起后半小时，如果你要减体重，减缩多余的体内脂肪，可以在晨起后早餐前 35~45 分钟进行有氧训练。早餐中，蛋白质食物应占一天食量的 20%，碳水化合物应占 25%，在早餐同时服维生素 C 和维生素 E，可以帮助促进体能的迅速恢复。

例：3 个炒蛋和 1 片脱脂奶酪；3/4 杯葡萄干、果仁和爆米花；1 杯脱脂牛奶；维生素 C 饮品适量，1 包多维生素和矿物质。

②第二餐上午 10 点早中餐：这餐在早餐后 2~3 小时，蛋白质和碳水化合物各占一天中的 10%。蛋白质可以服容易吸收的蛋白粉饮料，同时在一天中第一次服谷氨酰胺和氨基酸，它可以帮助恢复疲劳，有利于增长肌肉。一天中分三次服用，可以使人体血浆维持较高水平，帮助氨基酸的吸收。

例：蛋白粉和水、牛奶或果汁调匀饮服（30 克）；燕麦甜饼或爆米花 40 克；5 克谷氨酰胺，2 克氨基酸。

③第三餐中午 12 点左右，蛋白质 25%，碳水化合物 20%；240 克牛排；2 个大山芋或土豆。

④第四餐下午 4 点左右，午中餐：这餐安排在训练前的 60~90 分钟，蛋白质 15%，碳水化合物 5%；第二次服谷氨酰胺和氨基酸；240 克鸡脯肉，蛋白粉和果汁调匀饮服（30 克）；5 克谷氨酰胺，2 克氨基酸。

⑤训练前半小时，下午 4 点半：服肌酸对提高体内细胞体积有惊人的效果。2 克肌酸和水调匀饮服。

⑥健美训练在下午 5 点。

⑦训练结束，下午 6 点半：50~100 克的果汁和 2 克肌酸混合调匀饮服。

⑧第五餐下午 7 点晚餐：训练后的一餐和早餐一样都是非常重要的。蛋白质 25%，碳水化合物 30%，同时服维生素 C 和维生素 E。240 克鱼；1 碗米饭；1 碗混合蔬菜。

⑨第六餐晚上 10 点夜宵：临睡前半小时，尽量避免吃碳水化合物，蛋白质占 10%~15%，最好选择蛋白粉，因为身体在休息时，不需要消耗消化机能，它容易被吸收。第三次服谷氨酰胺、氨基酸，有利于荷尔蒙的释放。蛋白粉和低脂牛奶调匀饮服（40 克蛋白质）；5 克谷氨酰胺，2 克氨基酸。

第十章　营养补剂与健身

运动营养补剂是根据运动科学的理论知识研制和生产，从自然食物中提炼精制而成的精华营养素，容易消化吸收，并且可以针对不同的体育运动有选择性地使用。

竞技健美发展到今天，水平之高使人瞠目，已逐步逼近人类体能的极限，要想再取得更高的成绩，就必须借助科技力量，挑战人类自身。由于运动营养补剂在提高运动能力方面有很强的功效，运动营养补剂越来越受到健美运动员的青睐，如何科学补充运动营养补剂成为健美运动员关心的问题。

第一节　运动营养补剂

一、什么是运动营养补剂

运动营养补剂是正常饮食外的补充，是可以提高运动能力、促进运动性疲劳的恢复，改善由于运动训练所引起的身体机能紊乱的物质。目前市场上正规渠道出现的营养品可以分为以下几大类：体能补充类：如高能固体饮料、能量块、体能冲剂等。提高血色素类：富含铁的营养补剂及蛋白等。提高免疫力类：胶原蛋白、红景天口服液、长白景仙灵、蛋白粉、多种氨基酸饮料、复方氨基酸胶囊、西洋参片、螺旋藻片等。体重控制类：脂肪燃烧弹、左旋肉碱等。营养神经类：运动神经素等。促进恢复体能类：丙酮酸肌酸、活性糖、磷酸果糖、肌酸、谷氨酰胺、锌镁控释肌酸胶囊等。软组织保护类：软组织保护伞、软骨营养素、关节源冲剂等。补充电解质类及微量元素类：电解质活力胶囊、善存、钙片、胡萝卜素、21 金维他、番茄红素、金施尔康、果维康等。提高睾酮类：蒺藜皂苷、雄威素片等。

二、营养补剂不是药物

有些人错误地认为营养补剂是药物，其实这是不了解营养补剂的成分。比如乳清蛋白，它是从牛奶中提取出来的精华部分，大家知道，牛奶中 90%以上是水，蛋白质约占 3%左右，乳清蛋白就是在这 3%的蛋白质中萃取出来的，1 公斤牛奶大概能提取 3 克乳清蛋白，它是高级的蛋白质补充剂，是牛奶中最有用的部分；又如左旋肉碱，它是从瘦肉中提取而来的，安全无毒，可促进脂肪代谢，同样与药物无关。

作为运动营养补剂，不含有国际奥委会严禁使用的兴奋剂，不应含有国际奥运会规定限制使用的物质。在市场上正规渠道出售的运动营养补剂都应该具有国家兴奋剂检测中心出具的不含有违禁药物的检查报告，以保证运动营养补剂使用的安全性，对青少年的正常发育无任何的毒副作用。

三、健美运动训练中存在的营养问题

众所周知，健美增肌“七分靠吃，三分靠练”，然而，中国人的膳食结构中以淀粉类为主，淀粉是多糖，是能量，而肌肉的组成是以蛋白质为主的。因此，健美训练过程中应增加蛋白质的补充。假如把人比喻成一台汽车，制造汽车主要需要钢铁，汽车工作主要需要汽油。在人体中，组建肌肉主要需要蛋白，肌肉工作主要需要糖原，如果靠吃淀粉类长肌肉，那就无异于用汽油造汽车。目前大众健美人群的膳食营养存在碳水化合物摄入过多、蛋白质摄入不足的问题，这种状况不仅影响训练效果和运动后的恢复，也影响他们继续训练下去的斗志。

健美运动是以发达肌肉、改善形体为目的的运动项目，由于它特有的项目特点，正常的膳食已不能满足运动员在饮食上的要求，补充合适的运动营养补剂，特别是蛋白质补充剂已成为运动员的首选。

四、正确使用营养补剂的方法

①有针对性地使用。营养补剂的种类繁多，在选择的过程中要有针对性地使用，科学的使用方法是在进行生理生化指标监测，经过疲劳评价后，进行有选择的使用，避免造成不必要的浪费和加大代谢的负担。

②运动营养补剂的使用具有时效性。超量恢复是竞技体育训练的重要理论，在超量运动后，运动能源的大量消耗，需要及时补充。尤其是糖元类、蛋白质类的补充在时间上都有一个吸收敏感期，把握最佳的使用时间会起到事半功倍的效果。

③运动营养补剂使用剂量的科学性。比如：在各种体能冲剂的使用中，要按照等渗的原则冲泡适量的浓度，否则形成的高渗和低渗溶液都会影响吸收。各种营养补剂的补充都应该在专业人员的指导下，有针对性地适量使用，否则会造成体内代谢负担。

合理的营养膳食摄入，是保证运动训练取得良好效果的一个重要因素，但是单凭合理的营养膳食已经满足不了他们渴望“超越自我”的需要。当前健美运动训练中的营养问题已经不是营养的缺乏，而是如何及时补充运动训练中缺失的营养，同时，进一步加速运动训练过程中体内代谢产物的清除，从而迅速恢复或超量恢复体内能源物质，增加机体免疫能力。因此，在健美运动需要不断地承受大负荷运动训练刺激的今天，如何选择和补充运动营养补剂越来越受到健美爱好者和运动员的关注。

第二节　不同营养补剂的作用

首先，我们坚决反对使用兴奋剂。暂且不说违背体育道德，影响公平竞赛原则，光是它对身体的伤害我们就不能忍受，因为我们练健美是为了健康。我们支持使用营养补剂因为它有益于健康并且事半功倍。

当然，正常吃饭是最主要的，营养补剂仅仅是“补剂”，不能当饭吃。一定要防止运动员走向滥用营养补剂的另一个极端，比如有的运动员同时使用20几种营养补剂等。我国健美选手在选用运动营养补剂时，不要盲目跟从国外队员的经验。由于人种体质、遗传基因的不同，有一些产品并不适合我们使用。

一、蛋白粉

蛋白质是生命的物质基础，是构成人体组织的主要成分，它占人体全部重量的20%左右，约占人体总固体量的45%，人体的一切细胞组织都由蛋白质组成，如大脑、内脏、血液、皮肤、肌肉、骨骼等一切组织器官都含有蛋白质。它也是机体成长和修复所不可缺少的营养素。人体每天要更新3%的蛋白质，因此为身体补充蛋白质极为重要。

增长肌肉需要正氮平衡。为达到正氮平衡，人体必须有足够的蛋白质补充，才能使肌肉生长。肌肉越多，需要的蛋白质就越多。以每磅体重1克蛋白质为最佳补充量。一天6次进食，3次必须有蛋白质。而蛋白粉比鸡、牛肉等更易为人体吸收。最好使用含离子交换乳清和水解乳清蛋白的蛋白粉。前者易于吸收，且乳糖含量低，可避免胀气。后者为训练后必需，因其可以氨基酸形式快速进入血液。训练后蛋白质进入血液越快，因负重训练带来的分解代谢作用消失就越快。乳清蛋白易于吸收并含有完整氨基酸群，在市场上拥有极高的评价。无论是单独补充乳清蛋白还是与其他产品搭配使用，乳清蛋白对机体的修复和肌肉壮大作用都有良好的效果。

大豆蛋白的营养价值，首先大豆及其产品蛋白质含量高，其次，大豆蛋白含有8种人体必需氨基酸，不但种类齐全，而且各种必需氨基酸含量、构成比例比较接近人体的需要。除蛋氨酸偏低，赖氨酸偏高，其他均接近国际卫生组织（WHO）推荐的“理想蛋白质”标准。值得提出的是，粮谷类蛋白质中蛋氨酸含量丰富，赖氨酸含量偏低，因此豆类蛋白与粮谷蛋白质是非常理想的互补蛋白。

另外，蛋白质遇高温会导致变性、营养成分流失，故请勿开水冲调或煮沸食用。

二、肌酸

肌酸的英文为 creatine，是由精胺酸、甘胺酸及甲硫胺酸三种胺基酸合成的物质。人体内肌酸的来源有：身体自行合成；藉由上述三种胺基酸经由肝脏、肾脏、胰脏的酵素作用而合成；饮食中摄取，动物性食品中含量较丰富，每日的饮食中约可摄取 1 克肌酸。肌酸可与磷酸肌酸互相转换，而后代谢由尿液中排出。肌酸是人体运动时瞬间爆发力的能量。研究显示，其有助于爆发力项目的选手。目前国内所使用的肌酸为化学合成之白色肌酸粉末，其补充剂量为每天每公斤体重 0.3 公克，分 4 次服用，连续服用 6 天。使用时可依自己的体重计算所需服用的剂量，再以量匙量取所需（例如体重为 67 公斤者，则每次服用 $67\times0.075\approx5$ 克，将补充量溶于温开水中服用。研究显示每天补充 20 克肌酸，5 天后体内的含量会达饱和，补充 7 天的效果与补充 5 天相当；且其效果可维持至停用后 2 周。因此肌酸补充时间以一周为限，补充太久并不会有更好的效果。

肌酸是禁药吗？补充肌酸会有副作用吗？许多想使用者非常关心这个问题。肌酸是体内原本就有的物质，因此不属于药品，也无禁药之嫌。补充肌酸的副作用在各研究报告中显示并无不良副作用，但研究所用的剂量大多为一天 20 克，补充 5~6 天。有少部分人补充肌酸后会有胃肠不适的情形，因此建议避免空腹服用，以饭后半小时服用为佳。肌酸的补充是利用超量储存的方式，每次补充一周，不建议长期大量服用，最好间隔 1~2 个月再行补充，以免其效果减低。

肌酸是爆发性用力动作的能量来源。它可以增加力量，再造 ATP（三磷酸腺苷），并使 11-B 型肌纤维保持水分，达到肌肉增加的目的。

三、谷氨酰胺

谷氨酰胺是 12 种非基本氨基酸中的一种，因为人体可以自己产生这种物质。我们身上 60%的谷氨酰胺存在于骨骼肌里。学者认为，谷氨酰胺能促进营养物质的同化作用，调节蛋白的合成，刺激生长激素的产生，并增强免疫系统。正常条件下人体可以产生谷氨酰胺以满足需要。不过，当压力大时（紧张或疾病），谷氨酰胺的储备会被大量消耗，这时就需要通过摄取补剂来补充。

健美运动员要明白谷氨酰胺对肌肉的生长起关键作用。因为它是提供氮的原料物质，就是说它能把氮运输到体内各个有需要的部位。每一个健身者都知道保持氮的正平衡是肌肉体积增长的必要条件。当机体在大强度运动时，体内谷氨酰胺水平会下降 50%，而且要在运动后较长一段时间才可恢复到原来的水平。若运动时不能及时地补充足够的谷氨酰胺，机体就会分解肌肉蛋白以满足机体对谷氨酰胺的需求。及时适量地补充谷氨酰胺能有效地防止肌肉蛋白的分解、增加细胞体积、促进肌肉增长；同时谷氨酰胺还可刺激生长激素、胰岛素和睾酮的分泌，使机体处于合成状态。谷氨酰胺还在一定程度上可减少运动中的乳酸堆积造成的运动能力下降和疲劳。

谷氨酰胺为免疫系统提供能量。强度训练使肌肉中谷氨酰胺减少，为平衡分解代谢的作用，训练后应补充 4~7 克。谷氨酰胺经持续研究表明没有副作用。

四、支链氨基酸

蛋白质中的三种常见氨基酸，即亮氨酸、缬氨酸和异亮氨酸统称支链氨基酸（BCAA）。这类氨基酸以两种特殊方式促进合成代谢（肌肉增长）：①促进胰岛素释放；②促进生长激素释放。支链氨基酸中最重要的是亮氨酸，即酮异己酸（KIC）和β羟基-β甲基丁酸（HMB）的前身。KIC和HMB可增加肌肉，减少脂肪，并为人体提供营养。

支链氨基酸有助于预防蛋白分解或肌肉丢失，这对那些正处于赛前控制饮食阶段的人来说非常重要的。支链氨基酸是骨骼肌供能的主要氨基酸，作用是增强肌肉耐力和重建肌肉内的蛋白质。

在运动中，补充足够的支链氨基酸可以促进运动后恢复期蛋白质的合成代谢，加速肌肉合成，减少肌肉组织的分解，有助于肌肉体积的增大。训练后应补充4~6克。

五、左旋肉碱

左旋肉碱又称L-肉碱，是一种能促使脂肪转化为能量的氨基酸，红色肉类是左旋肉碱的主要来源，对人体无毒副作用。不同类型的日常饮食已经含有5~100毫克的左旋肉碱，但一般人每天只能从膳食中摄入50毫克，素食者摄入更少。左旋肉碱的主要生理功能是促进脂肪转化成能量，服用左旋肉碱能够在减少身体脂肪、降低体重的同时，不减少水分和肌肉，在2003年被国际肥胖健康组织认定为最安全无副作用的减肥营养补充品。

六、鱼油

防止肌肉减少的特别营养素。强度训练的压力、饱和脂肪和单糖的消耗产生 E2（一种加快蛋白质分解的分解代谢激素）。鱼油产生的 E1 可抑制 E2，并刺激生长激素产生，使人体能更有效地处理胰岛素。建议用量：每日 4~6 克。

七、精氨酸

与谷氨酰胺一样，人体处于巨大压力之下时才需要。健美运动员经常处于此状态中，故需补充精氨酸。临睡前补充 10~20 克，可提高体内生长激素的水平。

八、螺旋藻

螺旋藻是一类低等植物，它生长于水体中，在显微镜下可见其形态为螺旋丝状，故而得名。螺旋藻几乎囊括了人类希望从自然界获得的各种营养元素。它是迄今为止有记载的营养成分最充分、最全面、最均衡的天然营养食品。螺旋藻的功效很广，主要可以增强人体免疫力，抗疲劳、抗衰老、抗辐射、促进新陈代谢、降低血脂等；在美国、墨西哥等国已将螺旋藻作为奥运会选手服用的食品，它能在不增加体重的情况下提高体能。螺旋藻极易被人体消化和吸收。迄今为止，还没有任何一种食物可以给予人类提供如此全面、丰富、均衡的营养，而且它与其他食物的充分互补性及其食用的安全性使螺旋藻成为人类不可多得的健康之宝。

第三节　中药制剂的强身健体功效

目前国际上特别关注我国的中药制剂和中医药理论。药食同源是中国的传统特色。随着药物成分分离技术的飞速发展，中药制剂的使用不再仅限于复合制剂。我们可以从中草药中分离出其有效成分，并确定其化学结构。这些有效成分的使用将大大提高其效能，作为运动营养补剂的添加剂，为运动营养补剂的开发创造了得天独厚的条件。

我国传统的中药制剂在抗疲劳方而有着独特的优势。在对疲劳的认识方而，以整体观念为总纲，从整体认识人与疲劳的关系，克服了“只见树木，不见森林”方法论上的弱点，强调引起疲劳的多因素性和复杂性。在疲劳的恢复方而，注重辩证施治，重视人自身的抗疲劳能力，以扶正为本，发挥中药制剂的优势，采用补益、活血、理气、养血、安神等方法，调补结合，促使机体达到新的平衡，从而达到消除疲劳、恢复体力的目的。

健美运动训练疲劳机制的产生与蛋白质的分解代谢加强有关，一般以补肾为主。蒺藜皂苷、刺五加皂甙、红景天皂苷和水飞蓟素等单体化合物有明显的促糖原合成和抗氧化作用，可以明显提高机体抗疲劳能力。

中药制剂能显著提高健美运动员的肌肉力量，并且具有益气血、补肝肾、强筋骨、畅血脉的功效，用于改善人体机能和提高运动能力有明显效果。

第四节　反对兴奋剂

兴奋剂是对禁用药物的统称，英语叫“Dope”。由于运动员为提高成绩而最早服用的药物大多属于兴奋剂类药物，尽管后来被禁用的其他类型药物并不都具有兴奋性，但国际上对禁用药物仍习惯沿用兴奋剂的称谓。

使用违禁药物违反了公平竞争原则，违背了体育道德和奥林匹克精神。第一次被查出使用兴奋剂者禁赛两年；第二次查出终身禁赛。

在各项运动项目当中，健美运动是兴奋剂的重灾区。健美比赛之所以不能成为奥运会的正式比赛项目，是因为各国健美运动员使用兴奋剂现象相对比较严重，尽管在大型比赛中都要进行兴奋剂检测，但某些运动员为了提高水平不惜铤而走险。现在国际健联（IFBB）严格禁止使用兴奋剂并积极推广使用运动补剂，争取使健美比赛成为奥运会正式比赛项目。在我国，在国家体育总局社体中心和中国健美协会的强力打击下，“兴奋剂事件”正在萎缩，呈逐年下降趋势。科学研究证明，使用兴奋剂会对人的身心健康产生许多直接的危害。使用不同种类和不同剂量的禁用药物，对人体的损害程度也不相同。一般说来，使用兴奋剂的主要危害有如下几点。

一、生理危害

科学研究证明，使用兴奋剂者会出现心力衰竭、肝肾衰竭、女性男性化、过早秃顶、前列腺疾病、不育症、糖尿病、心脏病等，严重损害人的身心健康。兴奋剂可引起中毒症状，包括心动过速、瞳孔扩大、血压升高、反射亢进、出汗、寒战、恶心或呕吐以及异常行为，如斗殴、夸大、过度警觉等。大剂量使用兴奋剂可能导致严重的身体异常甚至是死亡。使用兴奋剂还会导致细胞和器官功能异常，产生药物依赖性和过敏反应，损害免疫力——引起各种感染，使用兴奋剂的危害主要来自激素类和刺激剂类的药物。特别令人担心的是，许多危害作用在数年之后才能表现出来。

二、心理危害

使用兴奋剂是不道德的，运动员使用兴奋剂是一种欺骗行为，长期使用会导致人格改变。因此，使用兴奋剂后会出现严重的性格变化，激动狂躁，如冲动、攻击、易怒和猜疑，也可导致妄想性精神病。长期或大量使用后停用，可产生戒断综合征，表现为抑郁心境、疲劳、睡眠障碍和多梦等。

三、兴奋剂的类型及不良反应

目前，国际奥委会规定的兴奋剂包括刺激剂、麻醉剂、蛋白同化剂（合成类固醇）、利尿剂、肽类激素及类似β–阻滞剂和掩蔽剂。

1. 刺激剂

是一类对中枢神经系统有强烈兴奋作用的药物，如：咖啡因、可卡因、麻黄碱、本丙胺、沙丁醇胺等，它们可以提高神经系统的兴奋性，增加新陈代谢。但是这些药物能够促进糖和脂肪代谢，加快能量消耗，使人产生一种体力充沛、不疲劳的感觉，而过度兴奋可以掩盖判断能力容易导致受伤。另外，还会导致心率加快、血压升高，产生幻觉等，运动过程中可能引起猝死。常用于田径、球类、拳击等项目运动员。

2. 麻醉剂

海洛因、美沙酮、吗啡、哌替啶等，使用后能使人产生快感和超越体能的幻觉，降低痛感，使运动员感觉不到受伤的危害而造成更大的伤害。严重时可发生呼吸困难、血压升高、肌肉僵硬等情况。

3. 合成类固醇

是雄性激素（睾酮）的衍生物，具有类似雄性激素的生理作用，能够促进蛋白质合成，降低分解代谢，提高肌肉力量，从而促进肌肉增长，是运动员使用频率最高、范围最广的一类。常用的有睾酮、诺龙、大力补、科仑特罗、达那唑、福莫特若、司坦唑醇、沙丁胺醇等。常用于举重、健美、田径、游泳等需要增加肌肉力量、速度及耐力的运动员。长期使用合成类固醇，直接影响人体激素平衡，对身体造成不利影响。比如抑制自身的激素分泌，导致自身睾酮分泌减少和睾丸萎缩，导致性欲短期增强长期低下无能，诱发冠心病、高血压，同时引起肝功能异常，诱发肿瘤，引起肌腱、韧带损伤、肌肉痉挛、皮脂腺分泌增多。对女性运动员的损害尤为突出，会出现男性体征，如闭经、阴蒂增大、皮肤粗糙等。

4. 利尿剂

可以增加排尿，快速减轻体重或逃避兴奋剂检查，如乙酰唑胺、布美他尼、氯噻酮、呋塞米、甘露醇等。造成脱水而降低运动能力，可引起血液缺钾而发生疲劳、痉挛等症状。

5. 肽类激素及类似物

具有合成类固醇相似的作用，是一类人体能够自身分泌的物质，包括促肾上腺皮质激素、红细胞生成素、促绒性素、胰岛素、他莫西芬等。会引起巨人症、心脏病、糖尿病、关节炎等。

6. β – 阻滞剂

具有镇静的作用，包括美托洛尔、心得静、降压乐、氨酰新胺、比索洛尔等。可以稳定运动员的紧张情绪，降低心率，尤其以射击、射箭、高尔夫球等运动员常用。可以抑制心功能引起的心力衰竭，但易引起抑郁症和阳痿。

第十一章　健美竞赛的赛前训练

赛前训练就是指比赛前有针对性地对运动员进行心理上、造型上和脱脂等方面的准备，健美运动员赛前训练情况能直接反映出他们的竞技水平。运动员要想在比赛中达到最佳竞技状态，必须要有充足的时间来备赛，备赛期一般为6~12周。赛前训练主要包括两方面任务：一是赛前在保持瘦体重的情况下进行脱脂训练，塑造完美形体；二是根据规则要求进行造型训练，即无数次的自然站立和四个转向、无数遍的规定动作练习，最后还要为自己选择一个适合自己的音乐，进行自由造型的练习并烂熟于心。

第一节　赛前脱脂

健美比赛规则中把皮脂厚度作为健美比赛的重要评分依据，因此，运动员的赛前脱脂是赛前训练的最重要环节，它直接关系到运动员的运动水平和比赛成绩。

健美运动科学赛前减脂的重点在于脱脂的同时要最大程度地保持瘦体重，要最大限度地减少脂肪，最大限度地保持肌肉。如果赛前减脂训练监控不当，会导致减脂期间瘦体重丢失过多、肌肉围度下降、精神不振、肌肉抽搐等问题。所以，健美运动员赛前合理安排训练、营养和休息的方案是赛前成功减脂的重要保证。

目前，研究认为健美运动员赛前减脂主要分为以下几个阶段进行：赛前缓慢减脂期、快速减脂期和比赛期。

一、赛前缓慢减脂期（赛前 6~12 周）

赛前减脂开始的时间，要根据运动员的皮脂多少来判断，脂肪厚的减脂要早些，最多三个月，皮脂薄的提前一个半月就可以了。

1. 减少糖和油摄入

首先是减少热量摄入，即减到平时碳水化合物的 50%，少量的植物油（橄榄油），其次就是逐步增加的有氧运动。由于健美运动员赛前减脂期间的力量训练会减少，取而代之的有氧训练运动量会很大，所以一定的热量摄入是维持其运动能力和瘦体重的基础。赛前 6~12 周阶段，为了保持机体瘦体重、将体脂控制在很低水平，健美运动员通常会保持机体热量在“负平衡”的状态进行，即热量摄入小于热量的消耗，以达到脂肪燃烧的目的。研究显示，赛前慢速减脂期热量摄入约为 36~38 千卡/公斤体重，这是目前认为的科学合理的热量摄入，它可以使运动员在减脂的同时减少肌肉的损失。

2. 保证高蛋白质摄入

赛前训练膳食中必须保证足量的蛋白质摄入量，减少肌肉中蛋白的分解以维持瘦体重。有研究证实：在赛前脱脂阶段热量摄入较低的前提下，高水平蛋白质摄入量（约占总热量摄入的 30%）可比低水平的蛋白质摄入量（约占总热量的 15%）

更为有效地减少瘦体重的丢失。同时，高蛋白的摄入可以相对增加食物生物效应，从而促进脂肪的燃烧，这有助于减脂。注意，有经验的运动员此时一般都不再服用蛋白粉，而是食用鸡胸肉、淡水鱼、虾和蛋清等。

国内外多项研究表明，赛前碳水化合物的摄入量应保证在平时的50%左右，以米饭、马铃薯、煮玉米等为主的膳食，控制脂肪占总热量摄入的15%~20%为宜，太低会导致血睾酮水平的下降和脂溶性维生素吸收的减少。

二、快速减脂期（赛前3周）

1. 无油无盐饮食

在现代健美比赛中，盐是用来衡量运动员赛前训练质量的一个重要标志，因为盐在水平衡、细胞渗透压中起到很重要的作用，体内盐分过多时会引起肌肉中的水储留，对皮肤表面观察肌纤维的清晰度会产生一定的影响。

为了快速降到目标体重，减少皮下脂肪，排除细胞间隙水分，选手们在这一时期除了调整训练（增加造型训练）外，饮食安排上也会有很大变化，如采用无油无盐饮食、降低热量和碳水化合物的摄入、增加蛋白质的摄入，以最大程度地减少皮下脂肪，保持瘦体重，以显露肌肉线条。在这个时期，许多运动员采用极低热量膳食。极低热量膳食具有短时间内使体重迅速降低的特点，但这并不意味着此法应用于快速减体重是安全的。实际上，这种能量摄入甚至不能满足运动员基础代谢所需要的热能，会给机体造成急性热能亏空而产生生理应激压力，因此，热能摄入要低到安全水平范围内。

2. 大量饮用蒸馏水

在全国比赛中，许多高水平运动员赛前10天左右在无油无盐饮食的情况下大量饮用蒸馏水（每天4~8公升左右或每14~20分钟小便1次），其结果是大量排汗和排尿，使体内的电解质发生变化，随着渗透压的改变会使细胞间隙水分大量排出，体内水分减少，肌肉线条日渐清晰。此举的确行之有效，但其安全性有待进一步研究论证。饮用5天蒸馏水后，停用蒸馏水高盐1天，而后再大量饮用蒸馏水2天，而后停水至比赛。

3. 临赛控水和充碳

健美界所说的控水实际应称为脱水，就是把皮下多余的水分排出来，让肌肉变成线条清晰的感觉。人体内有很多水分，但是需要处理的是皮下和肌肉之间多余的水分，肌肉内部的水分不仅不能减，还要尽量保持和增加，这样处理的肌肉就会很饱满、很有力度，是健美比赛运动员梦寐以求的状态。

关于如何在赛前脱水，常见的错误就是过早地减少或停止水的摄入，这是非常不科学的。在备赛后期，如果没有特殊状态，一般脱水这个步骤应该是在赛前10天左右开始实施比较恰当。这个时候减脂任务已经基本结束，不需要动用很多体能去做有氧减脂，力量训练的强度也可以减少。

赛前2天开始不主动喝水，称量体重后，要大量补充碳水化合物，碳水化合物占70%~80%能维持减重后的运动耐力，同时可以增加肌肉的充盈度，这主要是由于肌肉中储存1克糖需要携带2.33~4克的水。因为碳水化合物需要水来合成肌糖原，在控制饮水并充碳的情况下，肌肉会从皮下汲取水分来补充水分的不足。其结果就是皮下的水分越来越少而肌肉却越来越结实。

另外，由于在糖元耗竭状态下氨基酸的氧化增加，因此碳水化合物摄入还可节省体内蛋白。快速减体重必然造成机体不同程度的脱水，因为骨骼肌中糖原浓度下降本身即可引起水的丢失。肌肉缺水会导致营养物质交换减慢，代谢废物排出减少，工作效率下降。因此，许多业内人士不主张采用纯粹脱水法减轻体重。但在实践中，脱水法还是被教练员们所看重。而有研究发现，影响皮下水份状态的主要是钠盐，而钾盐由于主要存在于细胞内而有利于增加肌肉的充盈度，所以赛前 2 周需要限制的主要是钠盐，而钾盐的补充则可以一直持续到赛前。

总之，减重期的膳食组成对达到最佳肌肉状态有重要影响。合理的减体重膳食方案应是在低热量摄入的基础上，以高蛋白、低脂肪、充足维生素、适量无机盐的模式配餐。除此以外，富含维生素和膳食纤维的各类水果、薯类等都是减轻体重时可选择的食品。

从生理学角度看，这个过程涉及了水和糖原的储备问题。人体内每 1 克的糖原储备就要固定 3~4 克的水。竞技健美运动员利用了这一点，他们首先在赛前一周左右耗尽身体中储存的糖原，同时他们也会对水的摄取严格起来。在碳水化合物耗尽的两三天后，他们开始了冲碳的过程。冲碳将会显著地提高肌肉中的糖原储存能力，而且实际上，在身体碳水化合物被耗尽之后，身体会反馈性地储存更多的碳水化合物，让肌肉一下子更饱满。而与此同时，因为每克糖原储备都要同时占用 3~4 克水，所以这个时候肌肉就开始把皮下的水分吸引到肌肉中以此来固定糖原。结果就是肌肉中的糖原储备多了，肌肉看起来更大更饱满了，而同时皮下水分少了，让血管和肌肉线条更加的清晰了。整个过程需要 8~72 小时，这就是为什么有一些健美运动员在赛前，看上去很一般，而到赛台上“吓人”的原因了。

三、比赛日

如果比赛安排在上午，我们可以在早餐中吃些蛋清、牛肉，吃些巧克力、面包、蜂蜜等高热量食物。给身体热身时，要准备高浓度的葡萄糖酸钙加肌酸不断地补给身体，以便肌肉血管充分膨胀。热身环节非常重要，应慢慢地伸拉收缩肌肉，让血液大量涌入肌肉中，使肌肉充分膨胀。上场前检查比赛裤，油彩是否均匀，发型梳理是否整齐。这样我们就会充满自信地走上赛台。

第二节　音乐选择和自由造型

一、音乐选择

健美比赛前，首先要先为自己选择一首适合的音乐。在音乐的大千世界里，歌曲、舞曲、夜曲、交响曲、协奏曲、组曲等各种形式不尽相同。人们的文化程度、修养、生活条件、职业和年龄的不同，对音与的爱好也不一样。如有的人喜欢古典音乐，有人喜爱流行歌曲，有人欣赏轻音乐，在男子健美和女子健体比赛中，运动员应该为自己选择一首符合自己风格的音乐。

1. 内容和情调要健康

要选择内容健康的音乐。音乐的情调也要健康，要有正能量，健美运动是一项呼唤美的项目，正能量的音乐能激发运动员的斗志和潜能。

2. 旋律性要强

选择音乐要以自己的气质、容貌及造型为依据，音乐的效果可以反映出运动员的气质和艺术修养。在健美比赛中，要选择节奏感强的音乐，必要时可添加特殊效果，它不但可以烘托气氛，还能增加比赛选手的自信心。

3. 要把音乐烂熟于心

运动员在找到适合自己的音乐后要熟悉音乐的节拍和节奏，要对所选音乐的主题有较深的了解，以便在自由造型表演中更好地诠释自己。如果对乐曲不熟悉，就不能达到“曲人合一”境界。

4. 自由造型的时间

自由造型的时间为男子 1 分钟，女子 1 分半钟，音乐要相对完整，应按规定事先做好，拷贝到 U 盘中备用。

二、自由造型

健美造型分为自然站立四个转向、规定动作和自由造型。自由造型是在规定动作基础上发展的健美造型。运动员在舞台上通过健美造型来展示自己艰苦训练得到的发达肌肉，展示出刚与柔、力与巧、健与美的体格状态。

在自由造型展示中，应脱离规定动作的束缚，充分表现自己的体格优点。在编排过程中，首先要注意对音乐的把握，掌握其节奏，掌握其强弱变化来配合动作的变化。其次是根据自己的身体情况，选择适合自己的动作，努力寻求衔接流畅，在四个面的规定的基础上尽力把自己强的一面多多表现，尽力掩饰自己弱的一面。造型动作应是自己个性的表现、内在感情的流露，努力把身体动作变成一种语言，来诠释自我，从而引起裁判及观众的共鸣。图 11–1 为世界健美冠军钱吉成的自由造型范例。

图 11–1

总而言之，赛前训练采用每日训练法，甚至一日两练或三练，训练计划必须与饮食计划相结合，每日五餐。运动员还要根据自身反应及时做出调整，摸索出适合自己的一套赛前训练方案并且不断完善，日积月累，成功就在眼前！

第十二章 健美运动员的选材

健美运动员的科学选材，是指根据健美运动的项目特点，如身体形态、身体机能和肌肉分布等，利用科学的手段和测试方法，客观地对指标进行测试，全面综合评价和预测，将具有先天运动天赋的人才选拔出来，进行系统培养的过程。

第一节 健美运动员选材的意义和依据

科学的选材是指运用现代科学理论、方法和手段，客观地测定人体某些数据和指标，以此预测其未来的竞技能力。运动选材关系到遗传学、形态学、生理学、统计学和训练学等多种学科领域。

一、健美运动员选材的意义

好的选材是竞技体育成功的一半。当今体坛竞技比拼不仅是运动训练水平的较量，在科技高度发达、信息高速发展的今天，先进的训练方法已很难保密，但是运动员自身天赋才能和条件是无法模仿的。当今竞技健美运动已逐步发展成为以竞赛为目的、深受人们喜爱的一项竞技体育运动，而运动选材工作作为取得好成绩的基本保障，也越来越受人们重视。

二、健美运动员选材的依据

健美运动员的选材和其他体育运动项目的选材相比较，既有相同之处，也有不同之处。不是每一个人都能锻炼成为健美冠军或高水平的健美选手。因此，要培养在重大比赛中能取得健美冠军的人材，要以以下几条为依据。

1. 道德品质

健美运动员是体育事业发展的特殊人才群体，他们肩负着发展健美体育事业的重任，其思想政治状况、道德品质、科学文化和健康素质直接关系到运动技术水平的提高。要选择那些思想纯正、作风顽强、行为正派的人；勤学苦练、精益求精的人；行为端庄、尊敬教练的人。

此外，运动员的道德规范还包括遵纪守则、文明礼貌、学习科学文化知识、刻苦钻研、有着良好生活习惯等。

2. 遗传要素

科学选材的核心是预测，没有预测，就没有选材。在选材辨别中，利用遗传学的理论进行分析和观察其身体的生长趋向，受家系影响的情况，进行辨别和展望，其准确性特别是随着现代竞技体育出成绩的年龄提前，而培养一名优秀健美运动员仍须经过大约 5~8 年的系统训练，这就要求选材更加科学。

众所周知，按照人类遗传学的原理进行选材，把选材的焦点集中于那些运动能力强的父母所生的子女，就可相应地缩小范围，提高选材效率，这已有国内外的许多冠军世家证明了其可行性。

遗传选材是以构成人体运动能力各性状的遗传性、相关性、特异性及其在个体生长发育过程中表现的阶段性等特征为依据，并按照不同运动项目所需要的特定先天素质来选拔运动苗子，使预测更具有科学性，提高选材成功率，降低淘汰率。

3. 具备一定的专业知识

具备承受大强度健美训练的必要条件，还要有运动生理学、运动解剖学、运动生物力学、运动营养学、心理学、音乐、艺术和人体美学的基础知识，如健身、健美、减肥、增高等原理和有氧、无氧、发达肌肉、休闲消遣、运动处方、合理膳食等方法。例如：能因人而异地进行系统的科学方法训练，能安排合理的饮食制度，使增长的肌肉有足够的营养，能在大强度训练后，掌握适当的恢复手段以及保证有足够的休息和睡眠时间，还要能严格要求个人生话，具备一定的医疗保健能力。

4. 艺术修养

为了适应健美比赛，运动员要有一定的艺术天赋，动作造型优美正派，对音乐要有乐感，必须具备一定的修养，以及有一定的舞蹈和操化训练基础，学会自己编辑音乐和编排造型。

5. 身体形态

从直观上看，应选择小脸盘、尖下巴的人。不管是男性还是女性运动员，都要具有上宽下窄的体型，即肩宽、胸厚和比例合适的臂部。脊柱后看正直，侧看符合人体生理弯曲。应挑选身体健壮，肌肉轮廓好，肌纤维呈条状，身体均匀，下肢较长者。从关节特性看应选踝、腕关节较细，跟腱清楚，足弓深者。体型骨骼比例要协调和端正。肌肉形态要良好，例如：胸大肌的块形要宽阔；腹直肌块形大小应相称，位置要整齐，肱二头肌和肱三头肌能收缩隆起突出，股四头肌应具有曲线的外形，关节应有较好的柔韧性。骨骼相对较细，骨密度相对较大。在健美界较细的骨骼上长出较多的肌肉会获得更好的评价。快肌纤维相对较多的运动员。从内分泌角度看要选择荷尔蒙分泌旺盛、睾酮指数高的选手。

第二节　健美运动员选材的内容和方法

一、选材的内容

包含体围、体宽、体型的整体比例、心肺功能、骨骼肌纤维的结构和数量、生化代谢等因素。因此，在科学选材时应注重健美竞赛的特点以及上述内容的测定，除了要培养高水平的健美运动员，还应注意智力与个性特点。

健美运动员不仅应具有最佳的体型、良好的生理机能状态、生化代谢指标、心理和身体素质，还必须具有较高的智商和适宜的个性特征。也只有这样才能在激烈的健美训练和比赛中获得优异的成绩。

二、选材的方法

选材归纳起来有这样两种方法，即经验选材和科学选材。经验当然是教练员凭自己的经验进行选材，虽能取得一定的成绩，但还存在着一定的片面性、主观性和盲目性。所谓科学选材，就是通过实验方法，对不同年龄阶段、不同训练水平运动员的运动能力进行定量分析，并对他们的运动能力作出评价，对其运动潜能作出预测，从而确定他们适合哪个运动项目、可能达到的水平等。科学选材工作内容大致包括以下几个方面：对发育程度和发育期高潮持续时间进行评价，对形态、机能、心理素质水平进行评价，对肌肉类型、肌细胞数量和内分泌（如睾酮指数）进行评价，通过家系调查，对健康发展史及某些遗传特征进行评价。

如以男子健美运动员选材为例，应重视以下几方面的问题：

①选择思想上有献身健美运动的精神，并具备承受大运动量的条件，防止只埋头苦练，不接受讲方法、讲营养、讲心理、讲恢复、讲休息和睡眠等六讲科学训练方法的运动员。

②注意遗传因素的选择，如体格具有一定基础和潜在能力，具有上宽下窄的体型，即肩宽、胸厚、腰细、大小腿比例合适，以及体型骨骼比例要协调端正。肌肉的形态要良好，如胸部要宽阔方正、腹肌块形要大小相称。具有运动员素质的肌肉型人材。

③年龄在18~22岁为最好。因这时期身体分泌的荷尔蒙较为旺盛，肌纤维的可塑性最大，易为今后的高水准发展打下良好的基础。

④选择骨骼肌肉系统发育良好者，即匀称适度，上下肢比例一般为5∶8（以肚脐为界）。肩、胸、腰、臀、腿等围度的比例要适度。以肩宽、腰细、臀窄、四肢修长为佳。最好从跑得快、跳得高、投得远的基本素质中选择运动员。

⑤注意选择五官端正、皮肤光洁、气质文雅、动作流畅、协调、潇洒而优美的人材。为适应比赛的需要，所选运动员应有一定的艺术修养，有音乐感和一定的体操基础。

第十三章　健美课教学

健美健身课程是以身体练习为主要手段，有机整合体育与健康教育两门学科中相关的内容、方法、原理，以促进学生体质与健康发展为主要目标的综合类课程，是实施素质教育和培养德智体美全面发展的高素质劳动者和技能型人才不可缺少的重要途径。本课程的任务是：树立“健康第一”的指导思想，传授体育与健康的基本文化知识、体育技能和方法，通过科学指导和安排体育锻炼过程，培养学生的健康人格、增强体能素质、提高综合职业能力，养成终身从事体育锻炼的意识、能力与习惯，提高生活质量，为全面促进学生身体健康、心理健康和社会适应能力服务。

第一节　健美课教学的特点、目的和教学要求

一、健美课教学的特点

健美教学是在教师的指导下，按照教学大纲的安排，向学生传授理论知识、技术、技能，发展学生体质，对学生进行道德情操、意志品质教育的过程。

健美教学的特点在于它充分利用各种器械，对人体进行全

面的、以发达肌肉为目的的锻炼。它不仅要求学生掌握练习方法，达到增强体质的实效，还要求学生在艰苦的身体活动和思维活动中达到强壮体魄、磨练品质的目的。

健美教学所采用的器械主要是杠铃、哑铃、斜板、长凳、卧推架及组合力量练习器等。它没有其他项目“专项身体素质”的限制，对身体的影响是全面的。

健美教学的第三个特点在于对“美”的理解，一个好的健美运动员就是一尊活的艺术品，既要看到外在的形体美，又要表现内在的心灵美，外部要展示健康和力量，内部流露出气质和修养。教学中不仅要掌握体育的技术、技能，还要培养学生审美和创造美的能力。

二、教学的目的任务

①指导学生锻炼身体、完善体型、增强体质、促进身心健康发展。

②培养学生体育意识，提高学生的体育能力和兴趣，养成自觉锻炼身体的习惯。

③掌握健美运动的基本知识，学习健美的科学训练方法和动作要领、造型编排以及表演竞赛等。

④培养学生意志品质、道德修养及审美和创造美的能力。

三、健美课教学的要求

①技术方面:使学生全面掌握健美训练的方法，正确运用动作技术要领，合理安排运动量和强度，在教与学的过程中，充分体会部位、动作、组数、次数的关系。

②竞赛方面:学生可独立完成比赛动作和造型，如：自然站立、规定动作和自由造型等。可以自行编排造型、选曲配乐，达到参赛目的。

③素质方面:在全面发展身体的基础上，大力发展健美专项身体素质，使学生身体素质上一个新台阶。

④理论方面:使学生较为系统地了解健美运动的基本理论、知识，健美形体的评价及竞赛和裁判法，学以致用。

⑤通过健美教学与竞赛，使学生身心得到全面发展，培养学生热爱美、鉴赏美和表现美的能力，提高学生的自信心、自制力和创新精神。

第二节 健美课教学组织形式和结构

一、健美课教学组织形式

根据课的内容划分为理论课、实践课、多媒体教学课、课外健美锻炼、健美表演和健美教学比赛等。其中主要有健美理论课和健美实践课。

①健美理论课——是指在健身房内讲授健美理论基础知识、竞赛规则等。理论讲授时间安排在课的开始部分，每节课一个小专题讲座，时间为 30 分钟左右。或在竞赛前夕讲比赛规则和裁判法等。

②健美实践课——是指在健身房内进行的身体训练课。一般以教授动作方法为主，体会正确的肌肉感觉，学习锻炼方法。

③多媒体教学课——利用多媒体设备向学生演示练习动作要领、健美比赛方法、自然站立、规定动作和自由造型；健身

比赛的行走和定位造型、特长表演和晚装展示等。

④课外健美锻炼——这是健美教学中最为重要的一环，学生在课堂上学到的方法和知识，就要在这一环节中体现。实现健美健身的目的。

⑤健美表演——每年都选拔一些优秀选手在校内校外进行表演，培养学生的自信心，丰富学生的参赛经验，同时也大力推广了健美健身运动。

⑥健美教学比赛——每学年结课都以教学比赛的形式作为学生考试成绩评定的主要内容。每年健美教学比赛结束后都会涌现一批选手代表学校参加高一水平的比赛。

二、健美课的结构

1. 开始部分

主要内容是考勤，明确课的任务与要求，一般为 3 分钟。

2. 理论部分

理论讲授时间，时间为 20 分钟左右，每节课一个小专题讲座，比如：什么是“肌肉关”？肌肉收缩有几种形式？健美练习的呼吸方法等。

3. 准备部分

健美课准备部分的目的是使身体各器官系统机能迅速进入工作状态，为基本部分的学习做好充分准备，促进身体全面发展，培养正确的身体姿势和良好的体态。

准备部分的作用是使学生在从事某一练习时避免心理、生理上的准备不足而对自身造成身心方面的损伤。准备部分重点放在了关节、韧带、肌肉黏滞性等方面。

准备部分的组织方法一般采用集体形式进行，也可以先集体后分组进行。可定位做，亦可行进间做，队形可根据具体情况灵活变化。值得提出的是，不论采用哪种方法，都应根据场地器材、教材内容、学生人数等实际情况而定。

健美课准备活动的内容有轻器械专门性活动结合伸展性练习等。在 100 分钟的课上，准备活动时间在 20 分钟左右。

4. 基本部分

基本部分是课的核心部分，一堂课的内容主要在这部分来完成，基本部分的主要任务是使学生掌握动作要领，体会肌肉感觉，发展力量，增强体质，提高独立锻炼的能力和自觉性，培养顽强的意志品质。

内容主要有动作技术和多组练习，以及相关的理论知识、组织教法。

一般情况下，一节课安排 4 个动作，其中选两个部位作为重点练习。技术动作学习安排在前，发展肌肉练习在后；大肌群练习安排在前，小肌群练习安排在后；动力性练习在前，静力性练习在后。

组织教法一般为示范、讲解、纠正。可采用分组练习的教学方法，有男女分组、胖瘦分组或不同力量分组等。基本部分时间在 50 分钟左右。

5. 结束部分

体育课的结束部分是每节课的尾声，这时人体已出现疲劳，大脑皮层的兴奋性下降，工作能力也逐步下降。这个阶段的教学任务是有组织地结束教学活动，使学生逐渐恢复到相对安静状态，然后对整节课进行简要的总结。

在实际教学中，这个部分的时间很短，大约是7分钟。练习的内容相对比较简单，徒手放松练习以及课堂小结，布置课外体育锻炼的作业，收回体育器材等。不注意结束部分的教学组织不仅会影响整堂课的教学效果，还会影响下一节课的进行，认真细致地设计好这一部分的教学是很有必要的，教师采取随便应付一下的态度是不可取的，挤掉这部分的内容仓促下课更是不科学的。

第三节　健美课教材设置

一、理论教材

理论教材包括健美运动概述、健美史话、次数与效果的关系、健美练习时的呼吸方法、超量恢复的原理、运动中人体能量供给的过程、肌肉增长的生理机制、决定力量大小的因素、肌肉的类型、营养在训练中的地位、健美型体的评价、健美比赛的组织与裁判法等。

二、形态测量部分

测量是在第一次课时进行，目的是掌握学生身体形态第一手资料，为今后的测量和评价提供参照和对比依据。

测量内容:身高、坐高、体重、肩围、胸围（常态、吸气围)、腰围、臀围（女生)、上臂围（常态、收紧)、大腿围、小腿围。

三、专项教材

1. 健美锻炼部分

①人体各主要肌肉的名称、位置、外形及练习方法，每节课一个部位。

②各部位3个以上技术动作，要领准确。

③正确的呼吸方法。

④一次课训练方案的制订（部位、动作、组数、次数）。

⑤韦德训练法则1~32条。

⑥健美平时训练计划的制订：阶段性计划一个月、一学期、一年。

⑦根据学生情况分组:瘦型组以增长体重为主；胖型组以减肥为主；壮型组以增长肌肉为主。

⑧动力性、静力性、退让位训练法。

2. 规定动作造型部分

自然站立、规定动作:①前展双肱二头肌；②前展双背阔肌；③侧展胸部；④后展双肱二头肌；⑤后展双背阔肌；⑥侧展肱三头肌；⑦前展腹部、腿部。

3. 自由造型部分

①古典造型与现代造型。

②编排自由造型的规则要求。

③学习自由造型套路。

④造型的音乐选择和配合。

⑤学生自编健美自由造型套路并结合音乐，提倡创造性。

4. 身体素质

双杠臂屈撑（男）、仰卧起坐（女）、立定跳远、健身长跑。

5. 录像教学

全国健美健身锦标赛、奥林匹亚先生大赛等。

6. 作业

训练方案的制订。

第四节　考核内容与评分方法

一、考试内容

1. 专项技术（40%）

形态测量 10%、自然站立 10%、规定动作（自由造型）20%。

2. 身体素质（20%）

仰卧推举、杠铃深蹲。

3. 健身长跑（30%）

12 分钟跑。

4. 平时表现（10%）

出勤情况及课堂表现。

二、评分方法

1. 考试方法

逐人进行，技术评定。

2. 评分标准

①体格测量：分值 10 分。根据测得数据与标准进行分析比较给分。

②自然站立：分值 10 分。根据规则对自然站立的要求进行评定给分。

③规定动作：分值 20 分。根据规则对规定动作的要求进行评定给分。

第五节 教学比赛

①组织一次模拟教学比赛和一次正式健美比赛，比赛分预赛、半决赛和决赛，预赛、半决赛不公开进行，决赛公开进行。

②比赛着装为男子穿三角短裤，女子穿“比基尼”泳装。

③比赛方法按规则规定进行。身体素质评分请参照表 13–1。

表 13-1　身体素质评分

项目＼成绩		100	90	80	70	60	50	40
仰卧推举	男	70	60	55	50	40	35	30
	女	30	25	20	17.5	15	12.5	10
杠铃深蹲	男	100	90	80	70	60	50	40
	女	60	55	50	40	35	30	25

第十四章　健美健身竞赛欣赏

随着运动水平的提高，体育竞赛越发展现出它的无穷魅力。和谐的韵律、鲜明的节奏、绝妙的配合，表现出抒情诗般的艺术境界，使人们在观看健美比赛的同时，犹如欣赏优美的舞蹈、粗犷的雕塑、线条明快的绘画一般。强烈的艺术美感，给人以启迪，催人奋进，同时也能陶冶情操，愉悦精神，自我教育，激发爱国热情和培养高尚的品质。

通过观赏健美比赛，人们可以调节由于工作产生的神经紧张，调节疲劳的大脑和紊乱的情绪，有助于身心恢复。欣赏健美竞赛能增加情趣，改善心理状态，培养豁达乐观的性格。通过观赏进而参与，有了体验之后再回到观赏，人的思想会得到升华，从而热爱生命、热爱运动。

了解健美竞赛规则，是欣赏健美比赛的必备条件。

第一节　健美竞赛项目

一、竞赛分类

健美运动的项目分健美和健身两部分，健美包括男子传统健美、男子古典健美和男女混合双人，健身包括男女健身、男女健体、女子形体和女子比基尼小姐，见表 14–1。

表 14–1 健美运动的竞赛项目表

健美运动	健美	健身	
男子项目	男子传统健美	男子健身先生	
	男子古典健美	男子健体先生	
女子项目		女子健体小姐	女子形体小姐
		女子健身小姐	女子比基尼小姐
男女项目	男女混合双人		

二、健美的比赛项目

1. 男子传统健美比赛（以体重分级）

传统健美设：60 公斤级、65 公斤级、70 公斤级、75 公斤级、80 公斤级、85 公斤级、90 公斤级、90+公斤级。

2. 男子古典健美比赛（以身高体重分级）

古典健美设：168 厘米级体重（公斤）≤［身高（厘米）–100］+0（公斤）

171 厘米级体重（公斤）≤［身高(厘米）–100］+2（公斤）

175 厘米级体重（公斤）≤［身高(厘米）–100］+4（公斤）

180 厘米级体重（公斤）≤［身高(厘米）–100］+6（公斤）

185 厘米级体重（公斤）≤［身高(厘米）–100］+8（公斤）

3. 男女混合双人

男女混双不分级别进行。另外：根据比赛的规模可以增设“全场冠军”比赛和“单项特别奖”评选赛，即“最佳表演奖”“最佳动作配乐奖”“最佳小腿肌奖”等。

三、健身的比赛项目

健身比赛设 6 个单项的比赛，它们的分级见表 14–2。

表 14–2　健身比赛项目分级明细表

项目名称	男子项目		女子项目			
	男子健身先生	男子健体先生	女子健体小姐	女子健身小姐	女子形体健身	女子比基尼小姐
健身比赛分组	A 组：1.75 米（含）以下 B 组：1.75 米以上	A 组：1.74 米（含）以下 B 组：1.75 米至 1.78 米（含） C 组：1.78 米以上	A 组：1.63 米（含）以下 B 组：1.63 米以上	A 组：1.63 米（含）以下 B 组：1.63 米以上	A 组：1.63 米（含）以下 B 组：1.63 米以上	A 组：1.63 米（含）以下 B 组：1.64 米至 1.69 米（含） C 组：1.70 米以上

四、健美比赛服饰

①健美比赛男运动员必须穿干净、大方、单色紧身三角赛裤。

②混合双人中女运动员穿单色、缝制结实、无杂色花样的比基尼赛服，该服饰必须是后背交叉打结并暴露腹部和背部肌群，衣裤打结处不得附有任何金属物品和金银丝织物，后背打结不得采用环绕式，比赛服装服饰要求见表 14–3。

男、女运动员赛服颜色必须一致。

③运动员身上不准贴胶布、扎绷带。

表 14–3

<table>
<tr><th>项目</th><th colspan="2">比赛服装</th></tr>
<tr><td rowspan="3">健身先生
健身小姐</td><td>形体展示</td><td>健身先生
（1）纯黑色紧身平角短裤
（2）赛裤侧面长度不少于 15 厘米，必须覆盖臀部
（3）赤足
健身小姐
（1）后交叉式比基尼，赛服颜色不限
（2）穿细高跟凉鞋，禁止穿袜子
（3）允许佩戴发型装饰品，大小适度</td></tr>
<tr><td>运动特长</td><td>着适合运动的表演服装，样式、颜色不限</td></tr>
<tr><td>正装展示</td><td>健身先生着西装和皮鞋
健身小姐着晚礼服和高跟鞋</td></tr>
<tr><td>女子形体</td><td colspan="2">第一轮着后交叉式比基尼，纯黑无光泽面料。可适度使用衬垫，但禁止使用装饰物，穿黑色高跟鞋且包住脚跟和脚趾，高跟鞋前脚掌厚度不大于 0.6 厘米，后跟高度 8~12 厘米，鞋跟直径不超过 2 厘米
第二轮着彩色比基尼，同健身小姐形体比赛服装要求一致</td></tr>
<tr><td>比基尼健身</td><td colspan="2">环绕式比基尼，颜色不限，可适度使用衬垫和装饰物
水晶鞋：前掌厚度不超过 2 厘米，后跟高度 10~12 厘米，细跟</td></tr>
<tr><td>男子健体</td><td colspan="2">（1）预赛穿非紧身黑色齐膝短裤，赤足
（2）半决赛、决赛穿非紧身自选色齐膝短裤</td></tr>
<tr><td>女子健体</td><td colspan="2">穿单色比基尼赛服，该服饰必须是后背交叉打结，衣裤打结处不得附有金属物品，赤足</td></tr>
</table>

五、健身比赛服饰

健身比赛服饰复杂，不同项目有不同的要求，详见表14–3。

六、运动员着色与擦油

①允许运动员使用不掉色的人工色剂，不得有任何勾画。
②允许参赛运动员适量擦抹植物油。

第二节 健美与健身的竞赛动作

一、健美的造型动作

1. 健美站立

运动员健美站立（规则中叫自然站立），收腹挺胸，头部正直，两眼平视，两臂适度张开于体侧，背阔肌张开成倒三角形，身体各部位肌肉适当收紧，做4次向右转（图14–1）。

2. 男子竞赛规定动作

自然站立①前展双肱二头肌（图14–2）。②前展双背阔肌（图14–3）③侧展胸部（图14–4）④后展双肱二头肌(图14–5)⑤后展双背阔肌（图14–6）⑥侧展肱三头肌（图14–7）⑦前展腹部和腿部（图14–8）。

图 14–1

图 14–2

图 14–3

图 14–4

图 14–5

图 14–6

图 14–7

图 14–8

3. 自由造型

造型应从前、后、左、右等方位展示身体各部位的肌群。动作数量没有规定，但必须把规定动作融入自由造型当中，一般男子为 15 个左右。每个造型应有短暂停顿。造型时间为 60 秒。

二、健身比赛的造型动作

1. 女子健体的规定动作

①前展双肱二头肌（图 14–9）②侧展胸部（图 14–10）③后展肱二头肌（图 14–11）④侧展肱三头肌（图 14–12）。

图 14–9

图 14–10

图 14–11

图 14–12

自由造型

造型应从前、后、左、右等方位展示身体各部位的形态。动作数量没有规定，但必须把规定动作融入自由造型当中，一般女子为 20 个左右。每个造型应有短暂停顿。造型时间为 90 秒。

2. 女子形体的造型动作

女子形体的四个面的造型动作（图 14–13~图 14–16）。

注：健身小姐的形体轮廓与女子形体的造型动作相同。

图 14–13

图 14–14

图 14–15

图 14–16

3. 女子比基尼的造型动作

女子比基尼的四个面的造型动作（图 14–17~图 14–20）。

图 14–17

图 14–18

图 14–19

图 14–20

4. 男子健体的造型动作

男子健体的几个造型动作（图 14–21~图 14–24）。

图 14–21

图 14–22

图 14–23

图 14–24

5. 健身比赛的特长表演

表演应从不同方位以套路形式展示具有个人艺术特点的综合素质能力。包括：力量、平衡、柔韧、速度和协调能力，还应包括难度、乐感和表现力等，可以寻找表演伙伴助演和使用简单安全的道具进行表演。时间为 90~120 秒。自备音乐。

6. 正（晚）装展示

形似时装表演，届时大会会安排彩排和辅导。

第三节　竞赛计分方法

一、预赛评选方法

①预选赛采取以打“×”号的方式入选运动员。评分以“×”号多者进入半决赛。

②每一级别参加半决赛的运动员不得超过15人。如遇半决赛运动员不足15人时，可直接进入半决赛；不足6人时直接进入决赛。

二、半决赛内容与评分

①半决赛内容：规定动作的比较评分。

②评分形式：经规定动作的比较，评出每位运动员的得分。即第一名为1分，第二名为2分，依此类推。

三、半决赛计分方法

裁判员应为单数，在统计得分时，若设13、11、9位裁判员评分，应去掉2个最高分和2个最低分，将其余裁判员的分值相加，即为该位运动员半决赛的得分。

四、决赛内容与评分

①决赛内容：规定动作和集体不定位自由造型、自由造型。

②评分形式：规定动作和自由造型分别打出名次分，以自由造型得分+规定动作得分×2为每位运动员的决赛得分。

五、决赛总分的计算与方法

将决赛运动员的半决赛和决赛得分相加，即为该运动员的决赛总分。分值小者名次列前。如遇决赛总分相等时，决赛中成绩高者名次列前。

第四节　健美竞赛的程序

一、男子健美、女子健体比赛程序

1. 预赛（不公开进行）

（1）全体运动员按序号入场。

（2）规定动作比赛。

①运动员做 4 次向右转体。

②运动员按序号做 4 个规定动作（5 人一组）。

③运动员退场。

2. 半决赛（可公开进行）

（1）运动员按序号入场，介绍运动员。

（2）全体运动员做两次向后转体。

（3）裁判长根据裁判员的提名汇总，叫出前五名运动员做规定动作，指挥运动员站在台口的左侧，再叫出第六至第十名运动员做规定动作，指挥运动员站在台口的后侧，再叫出第十一至第十五名运动员做规定动作，指挥运动员站在台口的右侧，这期间名次仍可调整，直至每位裁判做出精确评分为止。

3. 决赛（公开进行）

（1）运动员按序号入场，介绍运动员。

（2）做规定动作，男子健美 7 个规定动作，女子健体4 个规定动作。

(3) 在大会音乐的伴奏下做不定位自由造型。

(4) 自由造型比赛，运动员按序号逐一入场，做自由造型。

二、健身比赛的比赛内容

健身比赛按预赛、半决赛和决赛的程序进行，见表 14–4。

表 14–4　健身比赛内容一览表

比赛项目	比赛内容		
	预赛（15 人以上）	半决赛（15 人）	决赛（8 人）
健身先生	形体展示 （4 个转向）	1. 形体展示（4 个转向比较评分与规定路线行走） 2. 运动特长	1. 形体展示（4 个转向与规定路线行走） 2. 运动特长 3. 正装展示
健身小姐	形体展示 （4 个转向）	1. 形体展示（4 个转向比较评分与规定路线行走） 2. 运动特长	1. 形体展示（4 个转向与规定路线行走） 2. 运动特长 3. 晚礼服展示
女子形体	形体展示（着黑色比基尼进行 4 个转向）	形体展示（着自选比基尼进行 4 个转向比较评分和规定路线行走）	形体展示（着自选比基尼进行 4 个转向与规定路线行走）
女子比基尼	形体展示 （4 个转向）	形体展示（两点造型与 4 个转向比较评分）	形体展示（T 字路线行走与 4 个转向）
男子健体	形体展示 （4 个转向）	形体展示（两点造型与 4 个转向比较评分）	形体展示（T 字路线行走于 4 个转向）

第五节　健美健身竞赛的评分依据

一、健美竞赛评分依据

1. 男子健美比赛评分依据

（1）肌肉：身体各部位肌群发达，有围度，肌肉清晰。
（2）匀称：人体骨架、肌群的整体布局合理、匀称。
（3）造型：动作规范、协调。
（4）皮肤：皮肤光洁，色泽和谐。

2. 女子健体评分依据

（1）肌肉：身体各部位肌群发达，有围度，肌肉清晰。
（2）匀称：人体骨架、肌群的整体布局合理、匀称。
（3）造型：动作规范、流畅。
（4）外表：容貌端庄、皮肤光洁，色泽和谐。

二、健身比赛评分依据

1. 健身小姐评分依据

(1) 健美形体

体形：呈倒三角体形。
肌肉轮廓：身体各部位肌肉轮廓明显。

(2) 特长表演

整套动作的编排应具新颖性、独特性，动作过渡流畅、自然。音乐的选配应具完整性、独特性，音乐节拍强弱要连贯、完整，高低起伏得当，旋律美。整套表演动作与音乐相融，有激情，音乐与动作造型相融合，具有个人独特的风格。

(3) 晚装展示

形象展示，运动员的脸型、发型应与着装等形象修饰相融合，一致，美观。形象、气质、服饰选配以和谐、庄重、格调高雅为主。

2. 健身先生评分依据

(1) 健美形体

体形：呈倒三角体形，各部分比例协调，富有美感。

肌肉：身体各部位肌肉发达适度，轮廓清晰，形状美观。

(2) 运动特长表演（同健身小姐）

(3) 正装展示

服装应与运动员的形象相符；五官端正、化妆、发型、服饰与形象相符；高雅大方、仪态端庄、健康，步态、站姿优雅。

第六节　健美竞赛的组织

竞赛组织工作是完成竞赛任务的重要前提，竞赛组织工作包括竞赛计划、制订健身规程、建立组织机构等内容。

一、制订竞赛计划

根据健美健身项目比赛的季节特点与运动训练的规律，以及上一级组织的竞赛活动安排，制订出年度竞赛计划，是确保竞赛活动顺利进行、保证运动员充分备赛及取得优异成绩的前提之一。

二、拟定竞赛规程

竞赛规程是比赛的指导性文件，具有严格的法规效能。竞赛规程是根据比赛的目的、任务及其规模确定的。竞赛规程应在比赛的半年前、最短不少于三个月前发布或传达参赛单位与个人手中。报名表最好连同竞赛规程一起下发。竞赛规程的基本内容包括：

①比赛名称。

②主、承办单位，还可以增加协办单位。

③比赛日期：可结合重大比赛任务，或在春、秋，或利用节假日进行。

④比赛地点：应选在交通方便、位置适中、食宿条件较好的地方。

⑤参赛单位：根据比赛性质、规模限定。

⑥比赛项目：可全部也可选择部分项目。

⑦参加办法：包括人数、参加条件、资格规定、报名办法等。

⑧竞赛办法：包括采用的规则、兼相规定、录取名次、裁判员选调与要求等。

⑨奖励办法：包括个人与团体计分与奖励形式等。

三、组建竞赛组织机构

赛前必须组建组织机构，负责赛前、赛中及赛后工作。比赛规模一般分为大、中、小三种。竞赛组织机构的大小应与比赛的规模相适应。

组织机构中的部门及其成员要根据比赛的规模明确分工，各司其职。其中，竞赛委员会或组织委员会多由政府官员、各队领队、总裁判长等组成，主要负责领导赛前的准备工作、赛中的组织宣传、行政事务工作和竞赛裁判工作、赛后总结工作等，如根据规程制订工作计划、经费预算和决算，批准督导所属各部门的工作计划等。

办公室在竞委会的领导下进行日常领导工作，竞赛组制订出赛会活动日程及组织颁奖；宣传、保卫组主要负责宣传报道、赛场布置、安全保卫等工作；总务组负责比赛与训练场地、膳食、住宿、交通、票务与财务等工作；裁判组及其下设各组分别负责竞赛编排、秩序册、印发成绩公告及成绩册、比赛辅助与临场执裁等；仲裁委员会主要由健美健身界权威人士、技术官员组成，负责监督临场裁判工作，保证技术规则的正确执行，负责处理比赛中提出的申诉等问题。

第七节　健美竞赛场地的布置

一、场地、器材

①健美比赛在舞台上进行。如果在体育馆或四面看台的场地进行时，则必须挂有背幕和相应的舞台装置。

②赛台背幕可设计相应的标识。背幕底色必须是单一深色，如蓝色、墨绿色、黑色、紫红色等，不能用浅色背幕。

③赛台背幕高不得低于 6 米，宽不得少于 15 米。背幕上

可设主办单位会徽和大赛会徽。

④赛台音响必须达到演唱会要求。赛台上必须铺有地毯。

⑤在健身先生、小姐竞赛时，赛台中心必须设置规定行走路线标记。

⑥后场必须配置供运动员热身活动的训练器材。

⑦在称量体重室和运动员的住地必须配置相同式样的标准磅秤和丈量身高量具。

二、灯光

①赛台灯光照明必须均匀。

②赛台主要有面光、顶光和侧面光，背幕不得有重影。

③使用暖色灯，光照度不得低于 4500 勒克斯（LUX）。

附　录

运动参与合同书

会员姓名：（签名）

私教姓名：（签名）

经双方认真协商并达成一致意见，参加者自愿接受私人健身教练员给出的运动处方，实践运动锻炼课程，以尝试改善和提高自身健康水平。

参加者明白所有的练习活动都会导致人体生理负荷量的改变，并会引起机能水平出现某些异常现象。参加者清楚运动锻炼课程的目的是为了提高心肺功能、完善体脂比例和美化形体，增强体质。锻炼计划是根据会员本身的需要与兴趣，以及医生的建议所编写的。所有锻炼课程包括热身活动和放松活动，并根据目标心率或运动强度感觉等标准进行无氧运动、有氧运动和混合式运动等项目。

参加者本人明白在锻炼课程中，本人必须负责监察自己的身体状况。如果发现任何不正常的征兆，本人会停止练习并将情况告知私人健身教练员。

在签署此同意书之前，本人已经详细阅读了此合同书和明白了锻炼课程的宗旨，并对运动锻炼课程中的所有疑问已获得了满意答复。

本人在参与此课程之前，已咨询过医生的意见，并获得了医生的同意。本人承诺本人身体健康状况良好，倘若有任何情况 (比如生病等)，本人会立即通知私人健身教练并请假。鉴于本人获准参加健身房所提供的运动锻炼课程，本人同意对运动锻炼过程中所造成的不良后果承担法律责任。

参加者签字：_____日期_____医生姓名_____电话______

私人教练签字：_____日期_____

运动禁忌及服用药物情况：__________________________

健身锻炼合同

会员姓名：__________电话__________

私教姓名：__________电话__________

以下资料须由私人健身教练员及会员填写：

开课日期：________，初步锻炼时期的持续时间（建议最少为一个月）________，节课的时间________，初步合同的预定期________，初步合同届满日期________，初步锻炼期间每________，补课期限的届满日期________。

因故缺课情况：

在锻炼课程计划内每四周中，允许会员有两次因故缺课(包括疾病、出差等)。但会员必须在上课时间的前两个小时内通知私人教练，经私教批准该次请假方被视为有效。每次请假缺课后可再预约另行安排日期补课，但补课日期必须经私人健身教练员和会员双方同意而且不能影再正常的上课时间。

无故缺课情况：

如果会员在预定的上课时间缺课（旷课）或不能于两小时前通知私人健身教练员，该次缺课被视为无故旷课。私人健身教练员不会给会员安排补课日期，而会员必须缴付缺课的学费。如果是私人健身教练员缺课或无法在两小时前通知会员，则将会安排补课日期，而会员则会获得一次额外的免费锻炼课程。

我已详阅及明白以上合同。

学员签名__________日期__________

私教签名__________日期__________

后 记

健身活动起源于人类的健康意识。进入现代社会以后，健身活动日益成为一项目标明确、形式多样、特征鲜明的、以科学、合理、安全有效为基本原则的运动项目——健美运动。在我国经济日益增长的新形势下，健康问题早已成为我们生活中不可回避的重要话题，健美健身作为一项流行的体育项目,在我国已经迅速发展起来了，越来越多的人们也开始注重和崇尚科学健身，希望此书的出版可以为广大健美健身爱好者提供一些有益的帮助。

健美运动是一项深受广大群众喜爱的运动项目，有着广泛的群众基础。改革开放以后，特别是我国颁布了《全民健身计划纲要》以后，健美运动在我国有如雨后春笋，不断发展。由于它占地面积小，简单易学、效果显著，特别适合城市开展等特点，所以，在我国各大中小城市的健身俱乐部星罗密布，从事健美健身运动的人口更是与日俱增，从事健美健身锻炼已成为时尚。它不仅可以强身健体、延年益寿，还可以使人缓解压力，思想得到升华。目前，人们普遍认为：健美健身运动是一项有益于人类身心、有益于社会的、具有综合效能和作用的运动。

现代健美健身运动是在城市体育场馆健身、社区俱乐部健身等基础上发展起来的充满时尚、内容日益拓展的大众体育锻炼项目。在人们生活水平普遍提高的今天，追求健康、文明的生活方式，使得健身产业成为一个前景广阔的朝阳产业。

“健身”一词，不仅成为广义的健身、健美、健心、健智的活动体系，更成为内涵不断拓展的一项独立的竞技运动项目。健美是健身和健康的升华和提高，健身运动则是健美运动的母体，它孕育了现代健美运动。从概念上说，一切有益于身心健康的活动皆可以划归为健身体育范畴，而健美运动则成为了大众健身的核心力量。在我国，健美运动已经成为独立的竞技运动项目，随着我国经济的飞速发展，健美运动水平也在不断提高，我国健美运动员钱吉成、禚中华、郑少忠等都先后在各级国际健美大赛中取得冠军，为我国争得荣誉，相信在不久的将来，我国健身健美运动在中国健美协会的领导下定会出现花繁叶茂的大好局面。

《健美健身运动学》一书，图文并茂，较全面系统地阐述了健身、健美、健身锻炼、健美运动及运动营养和竞赛等有关问题，还介绍了健美健身运动的作用、分类、发展概况和健身运动锻炼方法、项目的特征与训练法则，论述了健身运动与健美运动的区别与联系。设计出了健美健身运动员的训练计划、动作方法和平衡膳食等问题，还涉及当前健身市场急缺的私人教练的内容，是一本系统学习健美健身知识的好书。科学健身离不开正确的理论指导，该书为不同阶段的健美爱好者提供了训练指南。

在本书的创作过程中得到了中国健美协会秘书长古桥先生、中国健美协会培训委员会主任相建华先生的大力支持；在动作示范方面得到了我国第一位世界健美冠军钱吉成先生、世界健美冠军禚中华先生、我国第一位健体世界冠军郑少忠先生的鼎力帮助，还得到了亚洲形体小姐冠军获得者牟丛、亚洲女子健体冠军获得者梁月云的大力支持。动作由西安石油大学学生、全国“比基尼”健身小姐冠军获得者印淑慧同学和陕西省健美比赛亚军获得者吴奇流同学进行示范；本书的出版还获得了西安石油大学优秀学术著作出版基金资助，在此一一表示感谢！

由于篇幅所限，在撰写过程中难免会出现遗漏，不能全面反映健美健身的总体情况，恳请谅解。同时欢迎各位健美同仁对本书所存在的问题批评指正。

刘绍东

2016年8月20日